KB111236

역사가의 탄생

초판 1쇄 인쇄   2008. 8. 28.
초판 1쇄 발행   2008. 9. 1.

엮은이   국제역사학 한국위원회
          국제역사학 일본위원회
펴낸이   김경희
펴낸곳   ㈜지식산업사
          본사 • 경기도 파주시 교하읍 문발리 520-12
                전화 (031)955-4226~7 팩스 (031)955-4228
          서울사무소 • 서울시 종로구 통의동 35-18
                전화 (02)734-1978   팩스 (02)720-7900
          한글문패   지식산업사
          영문문패   www.jisik.co.kr
          전자우편   jsp@jisik.co.kr
          등록번호   1-363
          등록날짜   1969. 5. 8.

책값은 뒤표지에 있습니다.

ISBN 978-89-423-2075-2   (93910)

이 책을 읽고 지은이에게 문의하고자 하는 이는
지식산업사 전자우편으로 연락 바랍니다.

역사가의 탄생

국제역사학 한국위원회·국제역사학 일본위원회 엮음

지식산업사

머리말

한·일역사가회의와 공개강연회 '역사가의 탄생'은 올바른 역사 인식을 위한 두 나라의 화해(rapprochement)를 상징하는 것이다. 특히 역사가의 공개강연회는 한·일 사학사(史學史)에 유례가 없는 공동행사가 되었다. 이 공개강연회는 한·일역사가회의의 기본정 신에 입각해 개최된 것이므로, 먼저 간단하게나마 이 회의에 관 해 언급하고자 한다.

1945년 이래 한국과 일본은 기회 있을 적마다 역사해석의 상 이성을 노출하고 그 결과 두 나라 사이에는 정치적 긴장과 외교 적 갈등이 야기되는 경우가 적지 않았다. 이러한 긴장과 갈등을 해소하기 위해 한·일 두 나라 정상은 1995년 11월과 1996년 6월 두 차례의 수뇌회담(首腦會談)을 통해 민간인들로 이루어진 역사 연구 회의체를 구성하는 데 합의하였다.

이에 따라 1997년 7월 '한·일 역사연구촉진 공동위원회'가 설치되었으며 위원으로 위촉된 각계의 전문 학자와 대표적인 언론인들은 두 번의 전체 회의와 '한·일 역사포럼'을 개최하였다. 여기서 도출된 결론은, 역사문제는 전문적인 역사가와 연구사들에게 맡겨야 한다는 것이었다. 2년 동안 활동한 '한·일 역사연구촉진 공동위원회'는 1999년 가을 한국 유성(儒城)에서 열린 회의에서 채택된 〈최종보고서 및 제언〉을 다음 해 5월에 양국 정부에 제출하였다. 그 제안 내용은 몇 가지가 되지만, 가장 주목되는 후속조치는 양국의 전문적인 역사연구자들 사이에 교류의 마당을 마련한다는 것이었다. 마침내 2001년에 역사 전문가들의 회의는 발족되었다.

21세기 벽두에 시작된 이 회의는, 전적으로 역사가들의 자율적 판단에 따라 주제를 선정하고 일정을 운영하도록 기획되었다. 그리하여 회의를 추진하는 주체로서는 '국제역사학위원회(Comité International des Sciences Historiques : CISH)'의 한·일 양국의 국내위원회가 선정되고 그 명칭은 '한·일역사가회의(Korea-Japan Conference of Hist-orians)'로 정해졌다. 해마다 1회, 한국과 일본에서 교호(交互) 개최되는 이 회의의 목적은 광범한 분야의 역사연구자들이 모여 다양한 역사분야를 넓은 관점에서 다루어 두 나라의 역사연구사의 상호이해를 심화시킴과 동시에 역사정보의 교류의 범위를 확대한다는 것이었다.

'한·일역사가회의'에는 두 가지 두드러진 특성이 있다. 첫째, 지적(知的) 대화의 포괄성(包括性)이다. 이 회의를 계기로 한·일 양국의 역사가들은 특정분야에서의 부분적인 접촉을 넘어 모든 영역을 대상으로 함으로써, 역사이해의 폭을 확대하려고 시도하게 되었다. 그 결과 한국사나 일본사의 전문가뿐 아니라 동양사와 서양사의 연구자까지도 광범하게 참여하는 이 회의는, 두 나라의 연구 현황이나 동향에 관한 자유로운 의견과 정보를 교환하는 마당이 되기에 이르렀다. 둘째, 지적 교류의 전면성(全面性)이다. 즉, 이 회의를 국제역사학 한국위원회와 일본위원회가 주관함으로써 양국 역사학자들의 지적 교류는 국가적 차원으로 격상되었다. 1945년 이래로 양국 사이에 역사의 공동 연구의 필요성이 기회 있을 적마다 제기되었으나, 실제로는 상대국가의 역사가나 역사연구 동향에 관해 상호 간에 아는 바가 충분치 않았다. 역사연구를 위한 양국의 지적교류는 전면적인 것이 아니었으며 결코 만족스럽지 못하였다. 이제 역사가들의 지적 교류는 국가위원회(national committees)의 주관(主管) 아래 이루어지게 되어 만남의 국제적 성격이 강조된 셈이다.

이와 같은 한·일역사가회의에 공개강연회가 추가된 것은 2002년의 일이었다. 한·일역사가회의 개최를 기념하는 뜻에서 시작되었다. 우연의 일치로 이 해에 한국과 일본은 체육을 통한 협동정신을 발휘하여 월드컵을 성공적으로 공동개최하게 되었다. 같은 해에 시작된 공개강연회 또한 두 나라의 역사가들이 지적 협력과 친교를 다지는 계기가 되었다. 이 강연회를 통해 펼쳐지는 한·일 양국의 원로 중진 역사가들의 자서전적인 이야기는 일반 청중의 관심대상이 될 것으로 기대되었다. 강연회의 주제는 '역사가의 탄

생'이었으며 연사는 각자 나름대로의 제목을 붙여 이야기하기로
되었다. 강연회는 개인 역사가의 지적 형성과정을 대중에게 공개
하는 자리가 되었다. 즉, 어떠한 동기로 역사가가 되었으며 역사
관이 무엇이며 어떤 지적 기여를 하였는가에 초점이 맞추어졌다.
연사마다 펼치는 이야기가 반드시 자신의 삶과 학문의 모든 면을
드러내 놓지는 않는다 해도 적어도 경력의 핵심적인 편린(片鱗)이
나마 표현한 것이라 할 수 있다. 그러므로 이 강연회는 역사가의
위상이 태어날 때부터 이미 규정된다는 뜻의 '역사가의 탄생(The
Birth of Historians)'이라기보다는 역사가의 상(像)이 필생의 작업을
통해 만들어진다는 뜻의 '역사가의 생성(The Making of Historians)'
이라 불러야 더 적절할 것이다. 모든 역사가는 역사가로 태어나
는 것이라기보다는 역사가로 성장하게 되기 때문이다.

첫 번째 공개강연회 '역사가의 탄생'은 2002년에 열렸다. 2002
년 제2회 한·일역사가회의의 전날인 10월 18일 오후 5시부터 일
본학술회의(도쿄 소재) 강당에서 개최되어 이때 한국 측에서는 고
병익(高柄翊) 전 서울대 총장, 일본 측에서 이타가키 유조(板垣雄
三) 일본학술회의 제1부장, 야스마루 요시오(安丸良夫) 히토쓰바시
대학(一橋大學) 명예교수 등이 강연하였다.

그 이래로 '역사가의 탄생'은 역사가회의의 전야제(前夜祭) 행사
로 정착되었다. 2007년까지 한·일 양국에서 각각 5명의 역사가들
이 추가 참여했으며 연사 수는 모두 13명에 달하였다. 이와 관련
해 지적될 것은 마땅히 이 공개강연회에 연사로 초청되어야 하는

역사가들이 개인적인 사정이나 그 밖의 어쩔 수 없는 사유로 그렇지 못했다는 사실이다.

두 나라를 대표하는 역사가들이 더 많이 이 강연에 초청되었어야 마땅하나 성사되지 못한 것은 매우 유감스러운 일이다. 그럼에도 이 강연회는 한·일역사가회의가 열리는 한, 함께 계속 이어질 것으로 예상되며 따라서 앞으로도 창의적인 업적을 많이 낸 역사가들이 두 나라의 역사학계를 각각 대표하여 이 공개강연에 초청될 것으로 믿는다.

이와 같은 역사가 강연회의 내용이 출판으로 구체화된 것은 2007년 11월 서울에서 개최된 제7회 한·일역사가회의 석상에서였다. 이때 국제역사학 한국위원장 차하순(車河淳)과 일본위원장 기바타 요이치(木畑洋一)는 공동 편집인이 되어 그동안 강연한 역사가 13명의 이야기를 묶어 책으로 내기로 합의하였다. 한국위원회와 일본위원회가 공편(共編)한 《역사가의 탄생》은 한국에서는 지식산업사(知識産業社) 발행으로 세상에 그 모습을 드러내게 되었다. 일본에서는 나름대로의 사정에 따라 공편자(共編者)를 기바타 요이치와 차하순의 개인으로 하여 도쿄대학출판회(東京大學出版會)를 통해 일본 독자들에게 선보이게 될 것이다. '한·일역사가회의'가 한·일 역사학계에서 상호이해 촉진의 산물이라면 《역사가의 탄생》의 출판은 두 나라 역사학자들의 우정 어린 협동이 맺은 결실이라 할 수 있다. 앞으로 이러한 상호이해와 협동이 더욱더 다양하게 전개될 것으로 기대되는 바이다.

끝으로 이 책의 한국 출판을 쾌락해 주신 지식산업사 김경희 사장에게 감사드리며 편집부원 여러분의 노고에 사의를 표한다.

(집필 : 자하순)

2008년 9월

국제역사학 한국위원회 위원장 차 하 순

국제역사학 일본위원회 위원장 기바타 요이치

차 례

제1회 한·일 역사가 강연회
_일본 도쿄(2002)

한국·중동·세계
이타가키 유조(板垣雄三)

'민중사'와 전후 사상
야스마루 요시오(安丸良夫)

반지반해(半知半解)의 긍시학인(矜恃學人)
고병익(高柄翊)

한국·중동·세계

이타가키 유조(板垣雄三)

도쿄대학(東京大學) 명예교수

1

대학신문 같은 데 쓴 것 말고는, 《자본주의적 유럽의 제패》 〔《세계사 강좌》 제4권, 도요게이자이(東洋經濟) 신문사, 1954년 간행〕에 수록된 〈이집트의 역사〉가 시판된 책의 원고로 쓴 최초의 제 작품입니다. 대학을 졸업한 이듬해에 나온 책으로 아직 공부를 시작한 지 얼마 되지 않았을 때 이집트 근대사를 개략적으로 소묘한 것이었습니다. 하지만 그 나름대로 깊이 생각하여 쓴, 일본의 관점에서 중동을 보는 글로 구성되었습니다. 메이지(明治) 시대에 일본인이 이집트와 관련된 것을, 시부자와 에이이치(澁澤榮一)가 정리한 《항서(航西)일기》(1871)[1]와 도카이 산시(東海散士)의 《애급

---

1) 뒷날 《세계 논픽션 전집》 제14(築摩書房, 1961)에 수록됨.

(埃及)근세사》[〈서문〉- 다니 다데기(谷干城), 八尾書店, 1889], 그리고 크로머 경(Evelyn Baring, 1st Earl of Cromer, 1841-1917)의 《최근 애급》 상·하권[〈서문〉- 오쿠마 시게노부(大隈重信), 大日本文明協會, 1911] 이상 세 권의 책을 실마리로 생각을 다듬어보기 시작한 것입니다.

거기에서 제가 특히 강조한 것은 20세기 벽두 즉, 러일[露日]전쟁을 계기로 일본인의 의식에는 큰 전환기가 찾아왔다는 사실입니다.[2] 수에즈 운하의 건설공사를 시찰한 시부자와가 과거의 인습에 젖은 이집트인의 이미지를 일축하고 서양의 방대한 사업에 감격하여 우승열패(優勝劣敗)의 구미 중심주의에 물들게 된 소지는 이미 보았다 치더라도 말입니다.

일본은 19세기 중반의 '개국'과 더불어 구미 국가에게 강요된 불평등조약 때문에 괴로움을 겪으며 조약 개정을 요구하였으나 상대방인 구미는 이집트에서 실시되고 있던 '혼합재판소(판사의 반수가 외국인)' 등 예속적인 법제의 선례를 받아들이도록 요구하고 있었습니다. 구미 시찰에 나서야 했던 다니 다데기 농상무장관 일행[도카이 산시 즉, 시바 시로(柴四郞)는 그 일원]이 이집트 현지의 실정을 살펴보고, 실론 섬(스리랑카)에 유배되어 있던 아흐마드 오라비(이집

---

2) 내가 태어난 것은 대한제국의 식민지화에 획기적 사건이 된 러일전쟁으로부터 25년 뒤이다. 그다음 1945년 '종전'으로부터 30년이나 50년이 지나서 '전후' 의식이 일본사회에서 홀로 걷게 된 것을 보고, 이상하다고 느끼면서 일본사회에 속한 나에게도 내가 선 위치의 원점이 어디인가를 끊임없이 자문하며 반성하였다.

트 민족운동 지도자 : Ahmad Urabi; Arabi Pasha, 1841~1911)를 찾아
가 정복자인 대영제국에게 어떻게 굴복했는가를 물었습니다(1886).
이렇게 해서 출간된 《애급 근대사》에는 압제받는 민족에 대한 공
감과 눈길이 느껴집니다. 다니(谷)는 서문에서 일본 독자에게 이집
트 사람들의 경험에 비추어 분발과 경계를 늦추지 않기를 기대한다
고 썼습니다. 도카이 산시가 따로 쓴 정치소설 《가인지기우(佳人之
奇遇)》는 장편인데, 오라비가 주인공 '아라비 후(亞刺飛 候)'로 등장
합니다. 세계를 무대로 각지에서 불타오른 독립운동의 지사들이 서
로 교류하는 공상을 그린 이 이야기는 19세기 말 일본의 베스트셀
러가 되었습니다.

그런데 메이지(明治) 정부는 피해자 의식을 가해자의 거만한 자
세로 뒤바꾸는 도구로 정한론(征韓論)을 들고 나왔습니다. 어느새
재빨리 강화도 운양호(雲揚號)사건(1875)을 일으킴으로써 조선 속
국화(屬國化)를 꾀한 움직임을 시작했고, 마침내 청일전쟁 후에
노골화되었습니다. 그리고 러일전쟁을 계기로 한국 통감(統監) 하
의 '보호'정치에 이어 '합병'으로 나아감에 따라, 일본인이 이집
트를 보는 시각도 크게 달라졌습니다. 대영제국이 이집트를 군사
점령(1882)한 뒤, 오랫동안 이집트 통치의 핵심이었던 크로머 경
이 점차 격화되는 이집트 민족운동의 추세에 책임을 지고 사임했
습니다. 이듬해(1908)에 그가 자기변명을 하고자 펴낸 두툼한 회
고록은 일본어로 재빨리 번역되었습니다. 그것이 《최근 애급》이
라는 책입니다. 번역 작업을 추진한 대일본문명협회의 책임자인

오쿠마는 이미 크로머 경의 연설집을 이토 히로부미(伊藤博文) 통 감에게 바친 적이 있었는데, 이번에는 한국의 지위가 일변(합병) 했음에도, 새삼 이 책을 통해 영국의 이집트 경영을 배우는 것은 일본의 조선 통치에 분명히 크나큰 도움이 될 것으로 믿는다고 서문에 쓰고 있습니다. 이번에는 이집트를 지배한 영국의 경험에 서 조선 지배를 위한 기술을 배워 교훈으로 삼자는 것이었습니다. 이집트에 대하여 일찍이 일본인이 갖고 있던 연대감은 사라지고 통치하는 인간의 눈으로 바뀌게 됩니다. 이 경우에 전환의 기점 (起點)이 된 것은 한·일 관계였습니다.

제가 대학을 졸업한 해에 쓴 이와 같은 〈이집트의 역사〉의 시 각(視角)은 그 뒤 《이집트의 근대와 일본》(1964년 10월 와세다대 학 강연 기록), 《이슬람 세계》 4호(일본 이슬람 협회, 1965년 9월) 나 "Korea and the Middle East from a Japanese Viewpoint," *The Middle East & African Studies (Special Issue On Korea and Mid-East in the Changing World Order,* International Symposium, 1993년 8월, 서 울 : Korean Institute of the Middle East and Africa, 1994) 등으로 반복하여 재검토되었습니다. 그러나 그것은 저의 중동 연구 특히 팔레스타인 문제 연구에서, 또 제국주의·식민지주의와 민족운동 의 연구에서 언제나 새로운 전망을 시도하고 논리를 전개하는 데 거점(據点)이 되었습니다. 팔레스타인인을 새로운 '유대인'으로 보 는 입장, 즉 팔레스타인 문제를 유대인 문제의 중층화(重層化)로 파악하는 관점을 일찍부터 제기할 수 있었던 것이나, 제국주의 세계의 중층구조, 즉 팔레스타인과 수단 등 '맨 밑바닥'에서 본 세계를 논할 수 있었던 것이나, 모두 그 덕분입니다.

억압받는 자의 처지에서 세계를 보려고 시도한 논고 가운데, 제 자신이 매우 인상 깊게 생각나는 작업을 든다면 다음과 같습니다.

- 《세계 분할과 식민지 지배》(《岩波講座 世界歷史》 22권, 岩波書店, 1969).
- 《아랍의 해방》(《도큐먼트 현대사》 13, 平凡社, 1974).
- 이부라힘 수스의 《유대인 친구에게 보낸 편지》(니시나가(西永良成) 역)에 수록된 이타가키의 해설 《'유대인 친구에게 보낸 편지'와 관련하여》(岩波書店, 1988·2001).
- 《돌의 외침에 귀를 기울이다》(平凡社, 1992).

제가 호리고메 요조(掘米庸三)가 엮은 《현대 역사학 입문》(有斐閣, 1965)에 수록된 〈역사가와 현대〉를 쓸 때 민족적 자각과 지식인의 구실에 관하여 고힐강(顧頡剛), 패니커(K. M. Panikkar)와 함께 함석헌(咸錫憲)을 주목하였습니다. 저는 가지무라 히데키(梶村秀樹)가 《일본 독서신문》(1964년 9월 14일자)에 기고한 〈남조선의 사상가〉를 소개하면서, 함석헌의 다음과 같은 말을 인용하였습니다.

"우리의 역사는 우리가 위대해서가 아니라, 우리가 짊어지지 않을 수 없었던 짐의 위대성에 의하여 일관되고 있다. 조선은 세계의 하수구다. 온갖 고난을 견디면서 살아남은 민중만이 이 나라의 역사를 움직일 수 있다."

2

오늘 한·일역사가회의의 개최기념 공개강연회에서 제가 말하고자 하는 주제는 실은 여기에서 시작됩니다. 도쿄대학 문학부 서양사학과를 1953년에 졸업하고 나서 1960년부터 도쿄대학 동양문화연구소 조교가 되고, 1965년 카이로에서 해외파견 연구에 나갈 때까지 1963년부터 2년 동안 동양사 출신으로 조선사를 전공하는 가지무라와 같은 직장에서 동료로 지냈습니다. 이제는 고인이 된 가지무라(1989년 사망)라는 일본인 역사가의 존재를 그리워하며, 그의 사관이 형성되고 성장한 그 밑바닥에 함석헌의 사상, 곧 자유를 갈망하는 씨올(민중), 한국 민중이 고난의 현실 속에 담긴 세계사적 뜻을 파악하려고 하는 저항사상에서 얼마나 강한 자극을 받았던 것인가를 생각하게 됩니다. 동시에 그것을 조선 연구자라는 사실에 구애받은 가지무라와 주관적으로 연대하면서 중동 연구자가 되려고 한 제가, 어떻게 보고 느꼈는가를 이야기하고자 합니다.

표면상으로는 저는 그와 함께 일을 해본 적이 없습니다(저와 같은 아랍 연구자인 도미오카 마스오(富岡倍雄)는 그와 공저를 냈지만). 그와 저는 전문을 달리하며 서로 딴 세상에서 산 것같이 보일지도 모릅니다. 사회에 공헌하려는 열의와 지향성에는 공통적인 데

가 있지만 활동의 스타일은 다르게 보였을 것입니다. 그러나 오늘 '역사가의 탄생'이라는 제목으로 가지무라와 그를 통해서 함석헌을 기념하는 것은 저의 의무라고도 생각됩니다.

한·일역사가회의의 '공개'강연회라는 성질상, 먼저 전기적인 기초정보를 간략하게나마 밝히는 것을 양해해 주시기 바랍니다.

우선 함석헌에 관하여. 다음은 《조선인물사전》(大和書房, 1995)에 실린 문경수(文京洙)의 기술에 따른 것임을 감사함과 함께 사전에 밝히는 바입니다.

함석헌(咸錫憲, 1901~1989)

종교 사상가. 평안북도 출신. 1928년 도쿄고등사범학교를 졸업하였는데, 재학 중 우치무라 간조(內村鑑三)의 무교회 그리스도교에 경도. 귀국한 뒤 모교인 오산학교 교사가 되고, 해방 후 서울로 이사했으며, 고전적 노작이라고 하는 《뜻으로 보는 한국역사》를 발표했다. 4월혁명에 즈음하여 '혁명의 완수'를 호소하였으며 쿠데타 이후 한때 군부의 재건 국민운동에 참가하였으나, 1963년에는 〈3천만 동포에게 호소한다〉를 발표하고 군사정권을 비판하였다. 1970년 잡지 《씨올의 소리》를 발간, 1973년 〈민주 회복을 요구하는 시국 선언문〉에 서명하는 등, 그 뒤에도 줄곧 민주화와 통일을 계속 호소하였고, 1983년에는 김영삼의 단식투쟁을 지원하며 문익환(文益煥) 등과 〈긴급 민주선언〉을 발표하였다.

오늘 강연과 관련하여 저는 함석헌의 저서 가운데 일본어로 번역된 책을 말하려고 합니다.

- 《고난의 한국민중사》[《함석헌 저작집》 2, 김학현(金學鉉) 역, 新教出版社, 1980. (개제(改題)되어 있으나 《뜻으로 보는 한국역사》를 일본어로 번역한 것)] 원저는 식민지시대에 은밀히 쓴 논설을 바탕으로 《성서의 입장에서 본 한국역사》로 1950년에 간행되었는데, 1962년 개제·개정하여 一字社에서 출판된 것입니다.
- 《죽음에 이르기까지 이 걸음으로》(《함석헌 저작집》 1, 고스기(小杉尅次) 역, 新教出版社, 1980).
- 《일본에 호소한다 ― 한국의 사상과 행동》[오무라(大村益夫)·가지이(梶井陟)·가지무라(梶村秀樹)·와다나베(渡部學) 역, 太平出版社, 1966].

이어 가지무라 히데키에 관해서입니다. 다음은 《가지무라 히데키 저작집》 별권(明石書店, 1990)에 실린 '연보'를 참조하여 제가 작성하였습니다.

가지무라 히데키(梶村秀樹, 1935~1989)

역사가이며 조선 연구가. 재일 한국·조선인을 비롯하여 재일 아시아인의 인권 옹호와 일본인의 의식 변혁을 위한 활동을 학문의 과제로 추구하는 작업에 헌신하였다.

도쿄 출신. 소년일 때 재판관인 부친의 전근으로 고후(甲府)·우라와(浦和) 등지를 전전했지만, 1959년 도쿄대학 문학부 동양사학과 졸업한 후, 대학원에 진학하여, 1963년 도쿄대학 동양문화연구소 조교가 된다. 그동안 1958년 조선 근대사료 연구회, 1959년 초 조선사연구회, 1961년 일본 조선연구소의 창설에 참여. 1963년 이후 조선사연구회의 간사가 되어 그 발전을 위해 평생 힘썼다. 1960년대 끝 무렵부터 재야 연구자가 되어 여러 대학의 비상근 강사를 겸임하다가 1973년 가나가와(神奈川)대학 경제학부 조교수, 1979년에 교수가 된다. 여러 대학의 학생들에게 정열을 불태우며 지도·격려하였는데, 1968년 김희로(金嬉老) 사건을 계기로 공판대책 위원회의 자문 역을 맡아 사회적 활동을 확대해 갔다. 1970년 현대어학숙(現代語學塾), 1979년 조후(調布) 물래 모임, 1985년 지문 날인 철폐를 요구하는 조후 시민 모임, 1986년 가나가와 지문 거부자 상담센터, 1987년 아시아인 노동자 문제 간담회, 1988년 가와사키(川崎) 시 교육관이나 민족차별에 반대하는 가나가와 연락협의회 등의 설립에 참여하였고, 조선의 모임 바람문화 강좌와 세이큐사(靑丘社)의 지역 조사활동에 협력. 취직 차별, 외국인 등록법 문제, 지문 날인 거부, 한국 정치범 지원 등등, 법정 증언, 법무성과의 교섭, 개별 사안의 지원·구원 활동에 분주한 한편, 교과서 문제, 매스 미디어의 보도, 각료 실언 문제 등에 대한 사회적 발언을 서슴지 않았다. 저서는 《조선에서의 자본주의 형성과 전개》(龍溪書舍, 1977), 《조선사 - 그 발전》(講談社現代新書, 1977), 《발전도상 경제의 연구》(도미오카와 공저, 世界書院, 1981) 등. 조선사회의 내재적(內在

的) 발전의 의의를 역설하였다. 그의 사후에 《가지무라 히데키 저작집》 전 6권·별권(明石書店)이 간행되어 주요 논문은 모두 저작집에 수록되었다. 한국에서 번역 출판된 문헌 리스트는 별권 《회상과 유고(遺稿)》에서 볼 수 있다. 향년 53세.

그가 세상을 떠난 1989년은 그에게 지대한 영향을 끼친 함석헌이 별세한 해였을 뿐만 아니라 20세기 사회주의가 끝나고 새로운 사회운동의 시대가 시작된, 그리고 시민의 끊임없는 자기혁신의 미래를 표상하는 해이기도 하였던 것은 암시적입니다.

1960년대 초, 가지무라가 함석헌의 사상을 저에게 가르쳐 주었습니다. 그때의 어조를 또렷하게 상기시키는 듯한 가지무라의 문장을 여기에 골라보았습니다. 그것은 모두 역사가적 주체로서 그의 혼(魂)과 삶의 방식에 동력(動力)을 준 것임에 틀림없는 문제제기의 방향을 명시하는 기술이기도 합니다.

A. "국제적 조건에 굳이 눈을 가리려고 하지 않고 그것을 직시하면서 오히려 역으로 선수를 잡아 돌파하려고 하는 내셔널리즘이며 열린 내셔널리즘이라고 생각합니다. 함석헌 선생이 한국 민중에게 일관되게 부르짖고 있는 것은 바로 그것이라고 생각합니다. 세계사의 죄를 한 몸에 받으며 헐떡이면서 살아온 고난의 생은, 그렇기 때문에 민족적인 의미를 가질 뿐만 아니라 세계사적 사명을 받은 것입니다. 세계사의 죄를 역전시킬 수 있는 힘은 그 맨 밑바닥에서 고통을 겪어온

사람들 속에서만이 진정 솟아날 수 있으니까"

이런 말로 함석헌 선생은 민중적 내셔널리즘의, 말하자면 국제적인 의미를 제시하고 그와 같은 가치의 실현을 자신에게 과하고 있어요. 우리는 일본 쪽에서 이 사상에 대응할 수 있는 것을 마땅히 다른 모습으로 만들어내지 않으면 안 된다고 생각합니다.

〈조선사 연구의 방법을 둘러싸고〉(《조선사의 방법》 저작집 2권 , 1974) 124~125쪽.

B. 그리고 1945년 이후에도 남조선에는 현대 사대주의 발생의 사회적 조건이 존재하고 있다. 박봉식(朴奉植)에 따르면 현대 사대주의의 특징은 '말로는 민족주의를 표방하면서 그것을 정쟁의 도구로 범위 안에서 사용하는 것'만이 현실의 사대주의를 관철하는 수단이 된다는 것이다. 그런 상황 속에서 개인의 내적인 주체성 확립과 사상적 변혁을 통해서만 사대주의와 민족 허무주의를 극복할 수 있다고 일관되게 계속 호소하고 있는 함석헌의 사상이 주목된다.

〈조선 사상사에서 '중국'과의 갈등〉(저작집 2권, 1968) 204쪽.

C. 위에서 본 남조선 지식인의 민족적·계급적 관점까지는 우리도 머릿속에 어떤 도형을 떠올리고 이해할 수 있을 것 같은 느낌이 들지 모른다. 예상하지 않았던 충격을 받게 된 것은 남조선의 민중과 함께 살며 민중으로서 생각하고 걷는 것을 평생의 테마로 삼은 함석헌의 《뜻으로 보는 한국역사》이다. …… 말할 것도 없이 '고난의 짐을 짊어진다'는 것은 단순히 운명을 참고 견딘다는 것이 아니다. 최근에는

함석헌 옹의 실제 행동을 보고 누구나 그것을 알 수 있을 것이다. 괴로운 상황 속에서도 함석헌의 관점은 단지 민족의 명예를 만회하려는 데 있지 않고, 세계 전체에 비치고 있다. …… 우리들은 이 함석헌의 관점에 대응할 수 있는 사상을 가지고 있는가? 요컨대 가혹한 상황 속에서도 함석헌은 다만 내리 덮치는 불똥을 털어버리려고만 하지 않고, 일본인의 상황과 운명까지도 배려하는 정신적 여유를 보여주고 있을 때 우리들은 분단의 괴로움에 시달리고 있는 남조선 민중의 상황에 얼마나 마음을 썼는가? 물론 이 여유 있는 정신은 남조선에서도 보편적인 실재가 아니고 당위이다. …… 어떤 의미에서는 함석헌으로 하여금 인간적 긍지가 계속 유지될 수 있다고 보아야 될지 모른다. …… 남조선 민중과 재일(在日) 조선인의 고난에 찬 투쟁은 외부로부터 닥쳐온 '일제'와의 현실적 투쟁임과 동시에 자신과의 싸움이며, 곧 자기의 내면에까지 파고든 '일제'와의 투쟁이다. 역사의 의미를 확인하는 영위는 그 투쟁의 근거를 얻기 위한 것이다. …… 이와 같은 영위를 우리들이 시치미를 떼고 남의 일처럼 객관적으로 바라보기만 하면 안 된다. 우리들은 우리의 현장에서 또는 자기의 전문영역에서 일본 제국주의의 내면에 있는 자기와의 싸움에 조선인 이상으로 고민해야 하는 것이 도리이다.

《일본 제국주의의 문제》(저작집 2권, 1977) 325쪽, 327쪽과 329쪽.

3

들뜬 '포스트콜로니얼(postcolonial)'이라는 말이 유행하기 훨씬

전에 일본에서도 문제를 심각하게 파고드는 움직임이 있었다는 것을 잊으면 안 됩니다. 미흡하나마 저도 팔레스타인 사람들의 고투에 대하여 가지무라와 서로 같은 생각을 나누면서 세상에 의문을 제기하였다고 생각합니다. 이만큼 역사가인 가지무라 히데키의 탄생과 성장에서, 그리고 그 성취에서 큰 의미를 가지고 마음이 통하는 함석헌과 사상적 교류가 계속되었다는 증거를 뒷받침할 자료로 저는 다음과 같은 가지무라의 활동 연표를 작성하여 보았습니다.

1964년 〈남조선의 사상가〉(연재·조선인 47, 《日本讀書新聞》, 9월 14일자).

1966년 함석헌 《일본에 호소한다》(太平出版社)의 공역(共譯)에 참여.

1968년 〈조선사상사에 있어서의 '중국'〉, 《문화사》(《중국문화총서》 제8권, 大修館).

1969년 〈신채호(申采浩)의 역사학 — 근대 조선사 학사론 노트〉(《思想》 537호, 岩波書店).

1970년 오지영(吳知泳) 《동학사 — 조선 민중운동의 기록》(平凡社 東洋文庫)의 번역.

1974년 조선사연구회 정례회에서 함석헌의 《죽을 때까지 이 발걸음으로》를 서평(《朝鮮史硏究會會報》 39호, 1975년 4월).

　　　강연 기록 〈조선사 연구의 방법에 대하여〉(《자주강좌 조선론》 4호, 神奈川大學自主講座).

1977년 조선사연구회 대회에서의 보고 〈현대 남조선 민중운동 속에
　　서의 역사상- 함석헌 《의미로 보는 한국사》를 중심으로〉
　　(《朝鮮史硏究會會報》 47호).

　　〈신채호의 계몽사상〉(《季刊三千里》 9호).

　　〈일본제국주의의 문제- 조선에서 보는〉(《岩波講座　日本歷
　　史》 24권).

1980년 서평 〈고난을 짊어지다- 함석헌 씨의 《고난의 한국민중사》
　　에 부쳐〉(《福音과 世界》, 1980년 10월).

1984년 〈역사와 문학- 조선사의 경우〉(《歷史評論》 409호).

　그러나 함석헌에 의한 이와 같은 계발은 결코 가지무라의 경우
만은 아닙니다. 처음에 말했듯이, 역사 연구자, 중동 연구자, 이슬
람 연구자, '유대인 문제와 팔레스타인 문제' 연구자로서 저의 행
보에서도 그것은 한국·중동·세계를 일거에 섬광처럼 비치며 연결
시켜주는, 한국으로부터의 메시지였습니다. 이렇게 해서 함석헌을
매개로 한 가지무라와 저의 삼각형을 기념하는 것도 역시 새로운
의미를 성립하는 것이 됩니다. 마지막으로 제가 제 자신을 위하
여 《뜻으로 보는 한국역사》에서 골라본 함석헌 선생의 말을 경
청하여 주시기 바랍니다.

　A. …… 음악이 공기의 파동으로 이루어지는 것이라고 한다면 역
사는 생명의 파동으로 이루어지는 음악이다. …… 한국사를 이해한

다는 것은 그 멜로디 가운데서 한국이라는 악기가 …… 어떤 소리를
어떻게 내는가를 아는 것이다. …… 우리나라 역사의 저음(底音)은
무엇일까? 그것을 알기 위해서는 세 가지로 나누어 생각할 필요가 있
다. 첫째는 지리이고, 둘째는 민족의 특질이며, 셋째는 민족으로 하여
금 그 땅에서 역사를 만들게 하는 하나님(역자 주 : 단군신화로 이어지
는 천인합일(天人合一)의 신과 그리스도교적 신이 융합한 인격신)의 의지
이다. 그 하나는 연극이라 할 무대이고, 그 둘은 배우이며, 그 셋은
각본이다. …… 민족의 저수지에 물이 가득히 차 있지 않으면 우주에
울려 퍼지는 생명의 폭포는 떨어지지 않는다. …… 영웅사관과 계급
사관은 힌쪽의 진리를 말하고 있다. 그러나 분석적인 진리가 진정한
진리는 아니다. …… 전체를 전체로서 있게 하는 진리는 아니라는 것
이다. …… 민족주의 시대는 지났다. 하지만 민족주의를 버리더라도
민족의 가치는 알아야 된다. …… 한국역사는 한국인 '민중'의 역사
이다. …… 한국사가 되어버린 것은 한국인이 책임을 지지 않으면 안
된다. …… 하나님의 계획, 섭리는 한국사의 기조를 어떻게 정하였을
까. …… 결론만 말하겠다. 그런데 이렇게 말하면서도 나는 머뭇거리
고 있음을 안다. …… '말하라'는 명령을 받았다 생각하고 분명하게
단언하라. 한국의 역사는 고난의 역사라고. …… 중학생에게 역사를
가르치게 되었지만 어떻게 하면 젊은 가슴에 영광스러운 조국의 역사
를 품도록 할 수 있을까 하고 노력해보았다. 그러나 소용이 없었다.
…… 있는 것은 압박이요 치욕이며, 분열과 실추의 역사가 있을 뿐이
다. …… 그런데 성서는 진리를 가리켜 주었다. …… 〔그것은〕 고난

이야말로 한국이 쓸 가시 면류관이라고 가르치고 ……, 세계의 역사
를 뒤집어 이면을 보여주며 ……, 인류가 나아갈 길의 근본이 원래
고난임을 깨달았을 때, 지금까지 학대받은 하녀로밖에 생각하지 않았
던 그녀가 가시 왕관을 쓴 여왕이라는 것을 알았다. ……

〈한국사의 기조〉(김학현 역, 《고난의 한국민중사》) 58~71쪽.

B. 고난의 짐을 진 것은 우리가 잘못하였기 때문일까? …… 내버
리고 싶은 이 역사에 세계적인 의미가 있다. …… 이 짐을 지워 놓고,
세계가 우리에게 준 것은 무엇이었을까. '가오리', '조센진[朝鮮人]'이
라는 멸시였다. 조소와 손가락질. …… 세계의 하수구가 된 것이다.
…… 우리의 사명은 여기에 있다. 이 옳지 못한 짐을 원망도 않고,
피하지도 않으며 용감하고 진실하게 짊어지는 데 있다. …… 그것을
짊어짐으로써 우리 자신을 구하고, 또 세계를 구하는 것이다. ……
죽을 만큼 괴롭다. …… 그러나 영광스러운 일이다.

〈세계의 하수구라는 사명〉(김학현 역, 《고난의 한국민중사》) 373~375쪽.

C. 고난의 역사라는 근본의 생각에는 변함이 없지만 나에게는 그리
스도교가 참된 유일한 종교도 아니고, 성서만이 완전한 진리도 아니다.
모든 종교는 근본을 밝혀보면 결국 하나다. 여기에 또 내 태도를 결정
한 것은 세계주의와 과학주의였다. …… 모든 교파주의적인 것, 독단
적인 것을 제거하고, 표제도 《뜻으로 보는 한국사》로 고쳤다. …… 이
젠 믿는 자만이 선택받아 의롭다고 하는, …… 보다 많은 중생을 내려

다보면서 즐기고 있는, 그와 같은 종교에는 흥미를 가질 수 없다. 나는 적어도 예수나 석가의 종교는 그런 것이 아니라고 생각한다.

　《성서적 입장에서 본 한국사》의 개정 이유(김학현 〈역자 후기〉의 소개).

이상이 제가 고른 역사가 함석헌의 말입니다.

이것으로 제 이야기를 마칩니다. 함석헌 선생도 자기변혁을 하였습니다. 가지무라와 저도 자기변혁을 통해 살아왔습니다. 복잡하게 짜 맞춘 말이 되었는지도 모르겠습니다. 하지만 복잡하게 짜 맞춘 것이야말로 세상의 모습입니다. 즉석 만담 같은 이야기를 진지하게 경청하여 주신 것에 감사합니다.

'민중사'와 전후 사상

야스마루 요시오(安丸良夫)

히토쓰바시대학(一橋大學) 명예교수

1. '민중사'를 향한 출발과 근대화론

패전 직후의 일본에서 강좌파(講座派) 마르크스주의와 오오쓰카 히사오(大塚久雄)·마루야마 마사오(丸山眞男) 등으로 대표되는 근대주의 이론들은 오늘날에는 상상도 못할 만큼 큰 영향력을 발휘하였습니다. 이 두 사상은 방법에서는 대조적이라고 해도 될 만큼 차이가 컸지만, '15년전쟁'에서 제2차 세계대전 패전까지 전개된 근대 일본사회에 대한 근본적이고 전체적인 비판을 지향한 점에서 같은 문제의식을 가지고 있고, 전후(戰後) 민주주의를 뒷받침한 사회과학 이론으로서 지금 되돌아보더라도 상호보완적인 위치와 의미를 가진 것이라고 할 수 있을 것입니다.

제가 일본 역사를 전공하는 전문 과정의 학생이 된 것은 1955

년인데, 이해에 좌우익의 사회당이 통일되고 자유민주당이 결성됨으로써, 이른바 '55년체제'가 출발했습니다. 또 일본 공산당의 방침을 크게 바꾸어 놓은 '육전협(六全協)'이 있었고, 이듬해에는 스탈린 비판, 폴란드와 헝가리에서 반정부 폭동이 일어났습니다. 이와 같은 상황을 배경으로 논단과 저널리즘의 추세는 마르크스주의의 영향력이 줄어든 한편, 그만큼 마루야마 등의 근대주의 이론들의 영향력이 커졌습니다. 1950년대 중반부터 1960년대 전반까지가 근대주의 이론들의 전성기로서, 비판적인 언론을 대표했다고 할 수 있습니다.

그러나 일본사 연구 분야에 한정해서 본다면 마르크스주의가 큰 영향력을 이어 갔으며, 이론과 실제를 연결한 새로운 연구 성과를 내고 있었습니다. 새로운 사료가 잇따라 발굴됨에 따라 마르크스주의 문헌에 대해 더 깊이 이해하게 되어, 전후에 활동을 시작한 첫 세대의 중요한 연구의 기초가 이 시기에 이루어졌습니다. 그러나 마르크스주의 역사학의 이 발전이, 그리고 전후 일본의 일본사 연구가 전후 일본 사상의 큰 흐름이나 사회의식의 일반적인 동향과 더욱더 괴리되고 폐쇄적인 영역을 구성하는 데도 연관된 것이 아니었을까, 생각합니다.

그 무렵에 저는 이와 같은 일본사 연구에 한 부분을 담당하면서도 한편으로는 마루야마 등의 마르크스주의 비판에 설득되어, 나아가서는 '사상의 과학' 연구회 사람들을 마르크스주의적 이론의 입장에서 비판하려고도 했습니다. 요컨대 그 무렵 저는 전후 일본에 나타난 학문과 사상의 큰 흐름의 틈바구니에서 아직 자신에게 적합한 입장을 찾아내지 못하고, 다양한 이론과 사상의 영향을 받으면서 엉거주춤 애매한 방황을 계속하였던 셈입니다. 그런데 1960년 안보투쟁(安保鬪爭) 후에 등장한 이케다(池田) 내각은 일본 경제의 고도성장이라는 현실에 입각하여 '소득배증(所得培增)' 정책이라는 목표를 내세웠습니다. 이로써 근대화론이 시대의 각광을 받게 되자, 그때까지 우리에게 압도적인 영향을 주던 마르크스주의와 근대주의 이론들도 경제성장이라는 일본사회의 현실을 똑바로 직시하며 구성된 것이 아닐 뿐더러 근대화론의 도전에 대응할 태세를 갖추지 못한 깃이라고 생각되었습니다.

근대화론은 역사이론의 형태를 취한 새로운 이데올로기이지만, 그 도전에 정면으로 대응하기 위해서는 과연 어떤 역사이론과 역사상(像)이 요청되어야 하는 것일까요. 저의 '민중사'는 딱 잘라 말하면 이런 문제의식에서 나온 것이라고 할 수 있겠습니다. '역사의 발전을 지탱하는 가장 밑바닥의 동력(動力)은 민중에게 있다, 그러나 민중은 역사를 만들어냄으로써 억압의 구조도 만들어낸다, 이와 같이 뒤얽힌 구조를 근대 전환기의 일본사회에서 밝혀내는 데는 어떤 자료와 방법이 필요한가' 이렇게 생각함으로써 저는 전후 일본의 사상과 학문의 큰 흐름 속에서 제 나름의 입장을 세울 바탕을 마련했다고 생각합니다. 그리고 오늘에 와서 되돌아보면, 민중이라고 불러도 되는 존재를 틀에 따라 상정해 보는 가운데 다양한 사회과학 이론과 역사 이론의 갈림길과 대항축

(對抗軸)을 찾아낼 수 있지 않을까 합니다.

또한 저의 '민중사'에는 매우 특수한 개인사적(個人史的) 배경도 있었다고 여겨집니다. 그것은 저의 출신과 성장에 관련된 것으로, 저는 호쿠리쿠(北陸) 지역의 한 농촌에서 농부의 아들로 태어나, 대학생이 될 때까지는 농민다운 극히 한정된 생활권에서 벗어나 본 적이 없었습니다. 그런 저에게는 제가 잘 알고 있는 보통 사람들이 이룬 '끈질긴 삶'의 경험과, 제가 거기에서 살길을 찾고자 선택한 학문 세계의 언어 사이에 크나큰 단절이 있는 것 같다는 생각이 들었습니다. 제가 학문의 세계에서 사는 것을 선택하려고 한 이상, 저는 그 세계의 언어를 받아들일 수밖에 없지만 그것은 또 제 자신의 경험과 인생에 대한 생각을 외면해 버리고 만다는 애매하고 불안한 정서가 있었습니다.

이것은 말하자면 연구자로서 출발하려고 하는 저의 아이덴티티에 관련된 문제이지만, 이에 대해서 당시의 마르크스주의 역사이론에는 해답을 구할 수 있는 단서가 없었으며, '사상의 과학' 연구회의 방법적 실용주의는 역사학이라는 영역을 선택해버린 저에게는 설득력이 없었습니다. 그래서 보통 사람들이 이룬 '끈질긴 삶'의 경험과 그것을 뒷받침할 논리를 어떻게 파악하면 좋은가, 하는 막연하고 방대한 문제의식에 제 나름의 방식으로 대응해 보고자 한 것입니다.

2. 민중사·사회사와 현대 보수주의

1960년대부터 1970년대에 걸쳐 전후 일본의 사상이 처한 상황
은 크게 바뀌었습니다. 앞에서 말했듯이, 패전 직후의 일본에는
마르크스주의, 그 가운데서도 강좌파 마르크스주의와 근대주의
이론들이 영향력이 컸고, 그것은 또 민주주의적 변혁 열망과 연
결되어 있었습니다. 스탈린 비판과 폴란드·헝가리의 반정부 폭동
을 계기로 마르크스주의의 영향력은 어느 정도 쇠퇴하였지만,
1960년 미·일 안보 반대투쟁의 '시민주의'는 근대주의 이론들을
근거로 한 것이었습니다.

그러나 전후 일본 사상의 출발점이었던 이 두 정통파(正統派)는
우익으로부터는 일본 경제의 고도성장이라는 현실 자체 때문에,
좌익으로부터는 대학 투쟁에서 젊은이들의 반란·공격 대상이 되
어, 1960년대 후반부터 1970년대에 걸쳐 급속히 그 영향력을 잃
었습니다. 미국에서는 현실적인 사회주의 세력과 그것을 근거로
삼은 마르크스주의에 대결하여 그것을 극복하려는 근대화론이 구
성되고, 다른 한편 프랑스를 중심으로 구조주의 등 여러 비판적
이론들이 나왔습니다. 근대화론은 1960년대 초부터, 구조주의 등
현대사상은 1970년대부터 1980년대에 걸쳐 일본에 소개되어, 현
실적인 사회상황과 대응하면서 전후 일본의 사상계를 바꾸어 놓
는 지렛대 노릇을 하였습니다. 하지만 일본에서 이루어진 일본사

연구는 토대·상부구조론과 계급투쟁을 축으로 하는 정통파 마르크스주의의 영향력이 최후까지 남은 특별한 영역으로, 거기에는 이런 사상적 상황의 전환이 갖는 의미를 깊이 생각해보려는 태도가 별로 없었습니다.

한편 1970년대부터 1980년대에 걸친 사상적 동향에서 뚜렷한 현상의 하나로서 넓은 의미의 일본인론 붐이 있었습니다. 일본 사회론·일본 문화론이라고 일컫는 이 동향은 일본인의 행동양식을 하나의 체계화된 문화 유형으로서 파악하려는 것이었습니다. 그 중요한 구실은 일본 경제가 고도성장한 설명 원리를 제시하려는 데 있었습니다. 1973년의 석유 파동을 계기로 선진 자본주의 국가들 대부분이 현저한 경기후퇴를 겪었으나 일본 경제는 성장을 계속하였습니다. 그것은 일본인의 근로관과 집단주의가 가져온 결과라고 하여 일본문화유형론과 결부된 일본식(式) 경영론이 시대의 각광을 받게 되었습니다.

거기에는 1950년대에서라면 일본사회의 전근대성(前近代性)과 봉건적 성격으로 여겨지던 특성이 경제성장을 뒷받침하는 요소로서 적극적으로 평가를 받게 되고, 비슷한 대상에 대하여 역전(逆轉)이라고 해도 될 만큼 커다란 가치 평가의 전환이 있었습니다. 또 경제성장의 성과를 향유한 소비 사회적인 특징이 차츰 명확하게 되어 일본사회의 '총체적 중류화'라는 민중선동적인 표현도 자주 쓰이게 되었습니다. 이와 같은 동향을 배경으로 다양한 사실인식을 짜 넣어 새로운 단계의 일본식 보수주의의 구축을 지향하게 된 것은 이 시대 이데올로기 상황의 큰 특성으로, 예를 들면 무라 카미 다이스케(村上泰亮)의 《문명으로서의 집[家] 사회》(1979)와 《신중간(新中間)대중의 시대》(1984), 야마사키 마사카즈(山崎正和)의 《부드러운 개인주의의 탄생》(1984) 등은 그런 방향으로 대담한 문제 제기를 시도한 저술이었습니다.

그러나 이와 같은 현상 긍정의 보수주의는 많은 역사가에게 납득할 수 없는 것이었습니다. 일본사회의 특성을 하나의 문화 유형으로 무리하게 묶어놓음으로써 일반화하는 문화 유형론은 역사학과는 정반대의 방법적 입장이었고, 역사가에게는 역사란 훨씬 복잡한 대립과 갈등·모순 등으로 가득 찬 것이었기 때문입니다. 1960년에 시작한 이로카와 다이키치(色川大吉)의 민중사 연구와 1970년대 중반 이후 아미노 요시히코(網野善彦)의 사회사적 연구가 일본사 연구에 큰 영향력을 가진 것은, 지금 말하고 있는 문제 상황에 대하여 역사가가 마땅히 지녀야 할 저항의 모습을 보였기 때문이며, 이로카와나 아미노의 새로운 연구에는 그 점에서 신선한 설득력을 갖고 있었기 때문이라고 생각합니다. 또 이 두 사람의 경우는 마르크스주의 체험과 그로 말미암은 기존의 마르크스주의적 역사연구에 내재되어 있는 비판의 엄격성도 광범한 공감대를 형성했다고 할 것입니다.

그런데 1960년대 중반에 민중의 생활사상 연구자로서 출발한 저는 1960년대 말부터 1970년대에 걸쳐 조심스럽게 운동사로 관심 대상을 옮겼습니다. 약간의 개인적 사정을 제외하면 이렇게 관심이 변한 배경에는 1960년대 말의 젊은이들의 반란, 베트남 반전운동, 세계 각지의 민족운동 등에서 영향을 받았다고 생각됩니다. 저는 이런 현실적인 문제들을 어디에선가 의식하면서 먼저 농민봉기를, 거기에 따르는 민중종교와 자유민권운동에 대하여, 주로 그 의식과 행동양식의 측면에서 연구를 진행하였습니다. 솔직히 말하면 그때까지 저는, 농민봉기나 자유민권운동에는 손대지 않겠다고 마음속에 정하고 있었습니다. 왜냐하면 이런 영역은 전후 일본의 역사학이 가장 열심히 연구를 거듭해 온 영역으로, 연구의 축적이 많아, 문외한이 손쉽게 성과를 낼 수 있는 분야가 아니라고 여겼기 때문입니다.

그러나 조금 파고들어가 보니, 이런 분야의 연구 대부분이 전후 일본사학의 분석 틀에 지나치게 갇혀 있어, 저에게는 극히 소박하게 생각해 보아도 사료가 설명하는 것과는 너무나 동떨어진 것같이 여겨졌습니다. 예를 들면 저는 농민봉기가 마을[村] 단위로 행해졌다는 것, 파괴와 방화를 위협 수단으로 하고 참가가 강제로 이루어진다는 것, 봉기한 민중은 위협적인 의미의 파괴적 도구 따위는 갖지만 사람을 살상하는 무기를 갖는 사례는 극히 드물다는 데 주목하였는데, 그런 것들은 많은 봉기 관련사료에 기록된 아주 흔한 사실이었던 것입니다. 하지만 사료로서는 흔한 것이라 해도 그 해석은 어렵습니다. 저는 이러한 사실이나 더 많은 사실들에 대한 의미 해석을 하여, 그 해석을 연결시킴으로써 조금씩 제 나름대로 농민봉기의 상(像)을 부각하는 방향으로 저의 연구를 진행

하였습니다. 이와 같은 연구방법은 다른 대상을 선택한 경우에는
그 대상에 맞는 독자성을 찾아내는 데 힘쓰게 되지만, 그럼에도
방법적 태도로서는 기본적으로 동일한 성격을 가지고 있었다고 저
는 이해하고 있습니다. 작은 개별적 사실에 대한 의미 이해를 쌓
아 가면서 그로부터 대상으로 삼은 역사 사상(事象)의 이미지를 저
나름으로 그려 가는 것, 또 더 큰 역사적 세계의 전체성에 대하여
도 생각을 고쳐 가는 것, 나아가서는 역사적 세계의 전체성에서부
터 거꾸로 개개의 사실에 대한 의미도 고쳐 생각하는 것, 평범하
다고 할지 모르지만 그것이 제 방법이었습니다.

　이러한 저의 연구방법은 이제 와서 되돌아보면, 프랑스의 아날
학파나 영국의 사회운동사 연구, 또 훨씬 뒤의 일이지만 인도의
서벌턴(subaltern) 연구 등과 매우 비슷한 면이 있어, 사실 저는 프
랑스사와 영국사의 연구자들로부터 기회 있을 적마다 귀중한 시
사를 얻고 있습니다. 1960년대 무렵부터 세계적으로 천년왕국주
의적 민중운동과 그 밖의 종교형태를 취한 민중운동에 관심이 커
졌다는 것, 그런 때에 또 인류학·사회학·종교학 등과 역사연구
사이에 연대성이 강화되었다는 것, 일본에서도 민속학적 연구와
역사 연구를 결부할 가능성이 나타나고 있다는 것도 저에게는 뜻
깊은 일이었습니다. 그렇지만 제 입장에서 멋대로 자기 해석을
해도 된다고 하면, 저는 다만 민중의 의식과 행동양식에 대한 의
미분석이라는 방법을 확충하여 그 대상 영역을 확대하고자 힘쓴
데 지나지 않다고 할 것입니다. 지식인으로서 역사가에게는 시대

의 지배적인 이데올로기나 사회통념은 물론, 교조화된 마르크스주의나 기성의 사회학적 이론 등으로부터 자기를 해방하여 자유로운 탐구자가 되어야 한다는 과제가 있습니다. 1960년대 이후의 민중사나 사회사에는 오늘에 와서 되돌아볼 때 갖가지의 미숙성이 보이지만, 그럼에도 거기에는 역사가에게 걸맞은 자립적 탐구를 지향한 노력이 나타나 있습니다. 그런 뜻에서 거의 무자각한 가운데도 세계 모든 지역에서 행해진 다양하고 새로운 연구 동향과 전혀 예기하지 않았던 공통성도 있었다고 생각됩니다.

3. 세기 말과 신세기의 새로운 상황에서

현재 저는 1990년 무렵을 경계로 하여 일본사회는 새로운 단계로 접어든 것이 아닌가 생각합니다. 고도성장으로 경제대국이된 일본은 버블경제와 그 붕괴로 경제가 긴 정체국면에 빠져 거기에서 쉽사리 탈출할 성싶지 않습니다. 한편으로는 냉전 체제가붕괴된 뒤 미국의 일방적 패권주의가 강화되고 일본은 국가로서적절한 세계전략을 찾지 못하고 있습니다. 이런 상황에서 갖가지모순이 쌓여가고 욕구불만이 축적되어 강력한 리더십이 요구되고있습니다. 일본사회 전체에 자폐(自閉) 의식이 강해지고 있으나그렇다고 해서 사회 전반과 자신들의 생활양식에 대한 근본적인반성은 거의 찾아볼 수가 없습니다. 이런 상황에는 강권과 결탁한 새로운 자국(自國)중심주의와 전체주의를 산출할 정치적·사회적인 토양을 조성하게 될 가능성도 있지 않을까 합니다.

1988년 가을부터 이듬해에 걸친 쇼와(昭和) 천황의 와병과 죽음, 새 천황의 즉위를 둘러싼 상황은 언뜻 보기엔 평화스런 소비사회처럼 보이기 쉬운 현대 일본이 그 바탕에 강력한 제도적 통합과 강제장치를 온존하고 있음을 분명히 드러냈습니다. 일장기와 기미가요(君が代)를 국기와 국가로 정한 법률의 심의 과정과 그 실시 상황에는 국가의 강권적 측면이 명확하게 드러나 있습니다. 마찬가지로 교과서 문제에는 반세기에 가까운 긴 사연이 있으나 이 문제가 현재에 이른 상황의 직접적인 유래가 1991년에 일어난 두 가지 사실, 즉 후지오카 노부카쓰(藤岡信勝)의 미국 걸프전 체험과 한국인 '군 위안부' 문제에 대한 사람들의 공공연한 주장에 있다는 것은, 우연의 일치라고 하더라도 깊은 흥미를 끌게 하는 대목입니다. 이 두 가지 사실은 바로 정반대의 극점에서 전후 일본사회의 통념을 비판하고, 국민국가 일본의 존재방식을 따지는 것이며, 사실 후지오카 일당의 교과서 비판은 '군 위안부'에 관한 기술(記述)을 교과서에서 삭제하려는 요구를 지렛대로 삼아 전개한 것입니다.

이와 같은 상황이 저를 불안하게 함과 동시에 저에게는 몇 가지 새로운 발언을 할 기회가 되었습니다. 1990년대 초에 저는 천황제 문제에 관한 저술을 마무리 짓고, 그 뒤 '군 위안부' 문제, 교과서 문제, 야스쿠니 신사 문제 등에 대하여 몇 번 발언을 해왔습니다. 젠더 사(史)나 차별의 역사에 대해서도 미미하나마 발언을 시도했다고 할 수 있겠습니다. 그 가운데서 천황제 문제만은 젊었을 때부터의 염원에서 비롯된 것이었으나 그 밖의 것은 전혀 예상하지 않은 차원의 문제였습니다. 내나수의 이런 문제는 사회현실에서 나오는 냉엄한 물음이지만, 저에게는 그것 또한 제 나름의 방법을 관철하는 데 사고방식의 일관성을 유지하느냐 여부를 볼 수 있는 시금석이요, 능력을 테스트할 수 있는 기회라고도 할 수 있었습니다. 제 성격은 마음이 여리고 주위 상황에 영향받기 쉬운 측면도 있지만, 동시에 겉으로는 잘 보이지 않는 외고집으로 강인한 측면도 있는 것 같습니다. 저는 시대 상황이나 이데올로기 상황에 충동을 받으면서도, 제 나름의 연구방법을, 동요를 겪는 가운데서도 관철시키려고 애써 왔다고 생각합니다. 그 연구방법이란 앞에서도 말한 바와 같이, 대상으로 삼는 사실의 의미분석을 될 수 있는 한 내재적으로 파고들어, 거기에서 역사의 전체성으로 접근해 가는 것이라고 할 수 있습니다.

이와 같은 방법을 목표로 한 것은 첫째, 기존의 통념이나 이데올로기에서 벗어나 자유롭게 대상에 내재하는 논리를 탐구하려는 데 있고, 둘째, 사료가 있는 곳에서의 실증에 스스로를 한정하는 실증주의와 거기에 함축되어 있는 이데올로기적 보수주의에 저항하는 데 있다고 생각합니다. 원래 이런 방법에도 역사나 사회나 인간에 대한 제 나름의 견해가 전제되고, 그에 따라 규정되는 것이라고 할 수 있지만, 동시에 역사가는 이런 방법을 고집함으로써 자기의 사고방식·견해를 반추하며 반성하고 고쳐 나갈 수도 있습니다. 그리고 이같이 나아가는 역사가의 전문적 작업의 현장에도 시대의 빛은 강하게 비치기 마련이고, 현대를 사는 한 인간으로서 갖는 자각이 덧칠되지 않을 수 없는 법입니다.

이런 저의 탐구와 거기에서 탄생한 작품을 가리켜, 그것이 제 나름의 한 '이야기'라고 말하는 사람이 있다면 저는 그런 견해를 부정하지 않을 것입니다. 그러나 저의 '이야기'는 첫째로 사료에 맞는 제 나름의 탐구에서 나온 산물이라는 점에서, 둘째로 우리가 살고 있는 세계의 전체성에 대한 제 나름의 이해력에 바탕을 두었다는 점에서, 셋째로 이 세계에서 살고 있는 자기 삶의 방식과 내면성에 대한 성찰을 내포하고 있다는 점에서, 단순한 의미의 자의성(恣意性)을 벗어날 수 있다고 생각합니다. 이와 같은 저의 역사 연구는 어떤 의미에서 매우 강렬한 이데올로기적 성격 또는 입장을 가진 것이라고도 할 수 있지만, 그럼에도 그것은 또 현대를 살고 있는 한 지식인으로서 역사가에게는 불가피한 것이라고 생각합니다.

반지반해(半知半解)의 긍시학인(矜恃學人)

고병익(高柄翊)

전 민족문화추진회 이사장

1. '역사가' — 존경과 긍지가 담긴 호칭

오늘 우리의 모임이 '한·일역사가회의'인데 이는 학문 전문분야상의 지칭이라 생각합니다.

일반적 호칭으로서 '역사가'라 할 적에는 역사학에 통달한 대가를 생각하게 됩니다. 곧 과서 역사에 대한 많은 연구로 지식을 축적하고, 깊은 식견으로 사실(史實)에 대한 분명한 해석을 내려주며, 웅대한 역사서를 저술하고, 그리고 여기에다 현재 사상(事象)의 해석과 미래의 전망까지도 할 수 있는 사람을 생각하게 됩니다.

옛날의 사마천(司馬遷)이나 사마광(司馬光), 헤로도토스나 투키디데스 또는 기본(Edward Gibbon)이나 토인비(Arnold J. Toynbee)

같은 사람들이 되겠지요. 그래서 현대의 학자들로서 '역사가'를 자칭하는 사람은 적고, 오히려 '역사학자', '역사연구가'로 자족(自足)하는 사람이 많다고 생각됩니다.

그러니 '역사가의 탄생'이라는 주제로 이야기하라고 하면 주저하게 되고, 또 '탄생'이라 하니 일시적인 현상 같아서 좀 다르기는 하지만, 아마 계속적인 생성과정을 설명하라는 것으로 해석됩니다.

2. 고래(古來)의 자서전

자서전은 예부터 있었고, 중국 고대에서는 저술을 하면 대개 그 말미에 자기의 조상에서부터 성장과정과 저술동기 등을 기술하는 자서(自敍)의 글을 실었습니다. 이것은 본문의 부록이 아니고 하나의 장절(章節)을 이루었습니다.

저술은 평생에 책 한 권이 보통이니, 저자 성명이 그대로 책명이 되는 경우가 허다합니다. 자서전이라는 것도 또한 역사가 쪽에서 제대로 시작했다고 보입니다.

사마천의 〈태사공자서(太史公自序)〉(《사기(史記)》 권130), 반고(班固)의 〈서전(敍傳)〉(《한서(漢書)》 권100)을 비롯해서 남북조 정사(正史)의 저자들과 당초(唐初)까지의 개인 저작에는 대개 자서가 들어있습니다. 당대(唐代)의 역사비평가 유지기(劉知幾)도 그의 《사통(史通)》에서 '자서(自敍)' 한 편을 넣었습니다[권말(卷末)의 오시

(忤時) 편도 또 다른 자서전이라 할 수 있다]. 그는 자기가 역사에 몰두하게 된 사정을 서술하였는데, 성장기에 형들이 《춘추좌씨전(春秋左氏傳)》을 공부하는 것을 어깨너머로 배우다가 12세에는 이를 통독하였고 계속해서 사서(史書)들을 탐독하였는데, 20세에 과거시험에 합격하여 수도에서 관직을 얻은 다음에는 역사기록들을 마음대로 읽고 그 장단점들을 변별할 수 있게 되어 "《사기》이하 역사서 모두를 개정하고 싶은 심정이 되었다"고 대담한 술회를 하고 있습니다.

3. 근년(近年)에 나온 역사가의 자서전

근래 중국에서는 역사 관계자들의 자전기술(自傳記述)이 많아졌습니다[양계초(梁啓超), 고힐강(顧頡剛), 호적(胡適), 근년의 왕운오(王雲五) 등등]. 그러나 이것은 단순한 회고적인 기술을 넘어서 역사학을 연구하는 방법론의 일환으로 연구자 자신의 생장과 성숙 과정이 연구 작업에 영향을 준다는 고려에서 나온 것입니다.

이기백(李基白) 교수가 주관하는 《한국사시민강좌》(1987년 창간, 현재 30여 집)가 '한국의 역사가' 난을 만들어 처음에는 전통시대 역사가를 싣다가 요 몇 해 사이에는 현재의 역사가들의 자전을 싣고 있으며, 또 《한국사학사학보(韓國史學史學報)》[2000년 창간, 회장 조동걸(趙東杰)]가 현재의 한국 역사가들의 자전을 연이어서 실어나가고 있습니다. 그리고 수개월 전 국사편찬위원회가 주최한 '한국사 국제학술회의'에서 보통 사람들의 생활사를 중시하는 '미시사(micro history)의 방법을 제창하면서 이런 발표들도 나왔습니다[예 : 프랑스의 들리상(A. Delissen) 여사가 노라(Pierre Nora) 등이 설정한 '자기역사'론(ego-history)의 개념 아래서 'Seoul, Summer 1925'라는 주제로 연구를 수년 동안 수행해온 사정을 발표].

그런데 연구자 자신의 역사가 중요함은 요즘 한국어로 번역된 자전적 역사에세이 《달리는 기차 위에 중립은 없다(*You Can't be Neutral on a Moving Train*)》[진(Howard Zinn), 1994]에서 선명히 나타납니다. 저자 진(Zinn) 교수가 20년 전에 내놓은 《미국민중사 (*A People's History of the United States*)》(1982)에서 아메리카 신대륙의 위대한 발견자요, 영웅으로 칭송되는 콜럼버스가 사실은 아라와크 인디언 족들을 무자비하게 살육 착취한 유례 드문 만행을 자행했다고 서술하여 미국 교육계에 일대 소동을 일으켰는데, 이에 이르기까지 그가 남부의 흑인학교에서 교수 노릇을 하던 일, 베트남전쟁에 비판적으로 대하던 사정, 민중운동 인종평등운동에 참여하던 이야기들이 서술되었는데, 여기에 생활과 역사 연구가 서로 얽혀있음을 선명하게 보여줍니다.

4. 성장기의 교육환경

저의 성장기인 1930년대와 1940년대 전반은 한국이 동아시아의 계속적인 갈등과 식민통치 아래서도 점진적인 개화와 성장이 이루어지던 때입니다. 제가 살던 마을은 동성동족(同姓同族)이 모여 사는 향촌으로, 옛날에 있던 한문서당도 없어지고 그렇다고 일본이 세운 십 리 길 떨어진 신식학교에 별 관심을 보이지 않았습니다. 남아들은 그런대로 취학을 시켰으나, '보통학교'도 '월사금(月謝金)'을 내야하므로 교실에서는 월사금 가져오지 않았다고 가난한 농촌 아동들을 교사가 뒤돌려 보내는 광경을 매달 목도해야 했습니다.

여아(女兒)들은 침선가사(針線家事)만 강조될 뿐이었고, 저의 누이들도 부형(父兄)의 뜻을 거역하면서 몰래 편입해서 취학하는 형편이었으나 동생부터는 정상취학으로 변했습니다. 서울에서 발행되는 국문의 일간신문도 촌에서는 구독하는 사람이 없었고, 읍에 나가야 더러 구경하는 정도였습니다. 저의 고향은 당시 한국의 도읍이나 북한 쪽의 더 진취적이던 상황과는 달리 남한 지역의 일반 양반 촌락의 평균적인 보수성을 보였던 것이 아닌가 싶습니다. 그래도 남아교육에는 점차 열의가 높아져서 저의 서울 진학에는 부형의 적극 추진이 있었습니다. 서울로 입학시험을 치러 갈 때에 처음으로 양복을 사 입고 찍은 사진이 지금도 남아있습니다.

5. 역사와의 관련

조선의 역사는 어느 조선인 학교나 단체에서도 가르치는 곳이 없고, 그에 관한 학습은 개인적이고 자발적인 경우라 할지라도 금기시되거나 위험시되던 시기였습니다. 사학자이면서 언론인이고 독립운동가였던 신채호(申采浩)의 한국 고대사·중세사에 관한 논설들은 1930년대 초, 일간신문에 연재되었으나 저는 촉목(觸目)할 기회를 갖지 못했고, 기독교도인 함석헌 선생의《성서적 입장에서 본 조선역사》는 기독교지(基督敎誌)에 연재되었으나 저는 알지 못한 채로 지났습니다. 제가 존경하는 동료 이기백 교수가 소년시절부터 그의 부친의 훈도를 받아 이런 선각자들의 저술과 논설을 읽고 장차 조국의 역사를 공부해 나가려고 마음먹었던 사정과는 아주 판이(判異)하였습니다.

다만 식민통치 당국에서는 조선사편수회(朝鮮史編修會)를 설치하여 방대한 사료를 정리하고 희귀한 사적(史籍)을 복간(復刊)하였고, 또 조선인 학자들의 역사학회인 진단학회(震檀學會)가 순전히 실증적인 논문들을 가지고 연구 활동을 하는 것이 겨우 허용되고 있었습니다. 그러다가 중일전쟁이 여러 해 끌게 되니 혹독했던 통제가 더 심해지고 조선어(朝鮮語) 사용의 배격, 조선어 신문 잡지의 전면적인 폐간조치(총독부 기관지인《매일신보(每日申報)》만은 제외) 속에서 조선 역사는 언급 자체만으로도 위험시 되었습니다.

중학교 시절에 영어를 실용(實用)하고 싶어서 뉴욕으로《에브리맨스라이브러리(Everyman's Library)》해설목록을 청했더니, 중일전쟁 중인데도 우편으로 배달이 된 것이 신기하고 즐거워서 그 고전해설을 사전 찾아가면서 읽어 제법 지식도 늘었습니다. 그런

데 또 중학교 도서관에 가와이 에이지로(河合榮治郎)의 '학생총서
(學生叢書)'가 산뜻한 장정으로 여러 책이 꽂혀 있어서, 그 가운데
서 《학생과 독서》와 《학생과 역사》는 특히 탐독하였습니다. 이
를 통해서 서양의 고전과 근대 교양서들에 대한 지식은 많이 얻
었으나, 도리어 사상가와 서명(書名)만 넘치게 알게 될 뿐, 막상
깊이 들어간 독서나 사색은 오히려 외면하기 일쑤였던 기억이 있
습니다. 《학생과 역사》에서도 역사철학이나 사학고전의 설명이
많이 있었던 것 같으나 기억에 남는 것은 거의 없습니다.

6. 시초(始初)의 지적 탐구욕

중학교 고학년 무렵부터 막연히 인문분야의 학문 또는 문필활
동을 평생 방향으로 생각해왔으나, 역사를 전문으로 공부하겠다는
생각이 언제 어떻게 났는지 기억이 희미합니다. 역사에 대한 관심
은 오히려 지적(知的) 낭만적 호기심이 주 동기였던 것 같습니다.
일본에서 고등학교 시절에 하네다 도오루(羽田亨)의 《서역문명
사개론(西域文明史概論)》을 비롯한 서역사의 여러 신간 논저들을
접하여 실크로드 문명과 서역사에 대한 흥미가 촉발되었습니다.
이 무렵 일본 안에서 조선 역사를 쓴 책이 문고본으로 간행되었
습니다. 교토대학의 미시나 아키히데(三品彰英)가 쓴 《조선사개설
(朝鮮史槪說)》은 조선민족 역사의 전체 흐름을 의타성(依他性)과
정체성(停滯性)이라는 반도사적(半島史的) 숙명론의 개념으로 전개

하여 충격과 안타까움을 가졌던 기억이 있습니다. 또 스즈키 시게타카(鈴木成高)의 《랑케와 현대사학》은 개개의 역사 사실을 존중히는 역사주의와 민족을 넘어서는 세계사 개념을 풀이해서 시야를 넓혀주었고, 역사의 객관성과 몰가치성(沒價値性)도 강조하고 있었습니다.

태평양전쟁 말기에 대학에 진학할 때 어차피 졸업까지 재학할 것 같지 않아 학과 선택은 깊은 고려 없이 취향대로 정하였습니다. 이리하여 서역사와 조선사, 곧 지적 탐구욕과 정서적 민족의식이 겹쳐 동양사학과를 택하게 된 것입니다.

7. 대학에서의 동양사학

대학에서는 제멋대로 여러 강의를 돌아가며 들어보았습니다. 강의실은 학도병(學徒兵)으로 나간 학생의 빈자리가 많아 썰렁하고 어떤 교수는 강단에서 식량 부족을 한탄하는 소리까지 하게 되는 형편이었습니다.

돌아본 강의 가운데서 어떤 강의는 처음부터 끝까지 노트만 불러대는 무미한 필기시간도 있었고(板野長八의 魏晉南北朝史), 젊은 강사들의 열띤 설명에 인상 깊었던 강의도 있고(三上次男의 高麗時代史; 木夏一雄의 西域史), 극단의 황국사관(皇國史觀) 일본국사강의(平泉澄의 日本國史講義)에 분노와 멸시를 느끼게 한 것도 있었습니다.

무엇보다도 동양사연습(東洋史演習)을 맡은 야마모토 다쓰로(山

本達郎) 교수가 구문(歐文) 텍스트를 바탕으로 문헌고증을 하면서 광범하고 엄밀한 준비를 해놓은 데 감복하였으며, 이는 학과주임 와다 기요시(和田淸) 교수가 〈이수성공장(李秀成供狀)〉을 텍스트로 엉성하게 진행하는 데에 비할 바가 아니었습니다. 언어학과 핫토리 시로(服部四郎) 교수의 몽고어강의(蒙古語講義)는 몇 주 뒤늦게 들어갔는데 조선시대의 《몽어노걸대(蒙語老乞大)》가 텍스트였습니다. 학생들이 따로 한글을 배우면서 읽고 있는데, 저는 한글 부분을 읽으면서 금방 따라가게 되었으나, 학문의 폭이 넓음에 놀라움을 느꼈습니다.

도쿄대학에서는 전쟁 말기의 삭막하던 분위기 속에서 반년도 다니지 못했으니, 배운 것도 많지 않았습니다. 강의실과 연구실에서도 동양사학의 피상적이고 지엽적인 국면으로 인도되었을 뿐, 역사학의 본령을 엿보게 하는 기회는 없었습니다. 오히려 연구실이나 하숙방에서 읽은 역사책에서, 그나마 실증적 연구를 바탕으로 사실(史實)의 해석과 역사의 흐름을 엿보게 하는 것들이 있었습니다. 제가 읽은 것 가운데 대표적인 것은 나이토 고난(內藤湖南)의 중국사 관계의 논저들, 바르톨트(W. Barthold)의 영역본 *Turkestan down to the Mongol Invasion*, 구와바라 지츠조우(桑原隲藏)의 《포수경(蒲壽庚)의 사적(事蹟)》, 진원(陳垣)의 《원서역인화화고(元西域人華化考)》 등이며, 이런 책들은 사료를 광범하게 이용하면서 명쾌·평이한 해석과 서술을 전개한 저작들이었습니다.

8. 실증연구와 해석입론(解釋立論)

전쟁이 끝나고 해방을 맞이하여 서울대학으로 편입한 뒤에는 정치사회의 좌우대립에 대응해서 학계에서도 유물사관이 득세하였습니다. 그 체계적인 분석과 구성은 역사연구에 신선한 바람을 불러 일으켰으나, 곧 금지되고 또 실제 역사연구에 적용하기 어렵고 형식적 틀의 경직성에 싫증을 내는 사람이 많았습니다.

저의 졸업논문이자 최초의 역사논문은 〈이슬람교도와 원대사회(元代社會)〉이었습니다. 사실 탐구와 실증적 연구가 주가 되었으나, 그 바탕 위에서 역사흐름의 해석도 염두에 두었습니다.

6·25 동란으로 정부나 시민들이 부산으로 피난 갔을 때 젊은 사학도들(본인 포함)이 '역사학회(歷史學會)'를 창립하여 《역사학보》를 간행했는데, 종래의 한문 사료 인용과 사실고증(史實考證) 위주의 논문을 벗어나 역사의 흐름과 상황에 대한 합리적 해석이 강조되었습니다. 당시로써는 상당한 혁신으로 받아들여졌으나, 새로운 역사이론과 방법론이 계속 등장하는 가운데서도 《역사학보》는 전통의 지속과 신설(新說)의 수용을 균형 있게 해나가고 있다고 생각됩니다.

사실탐구와 실증사학은 역사연구의 기반이며, 이 작업이 착실히 쌓여 축적된 연구의 기반은 해석과 이론 수립의 밑거름이 됩니다. 이것이 소홀히 하면 역사학은 역사학이기를 스스로 벗어나게 되는 것입니다. 그러나 사실 자체를 탐구하는 데 못지않게 사실의 의미를 파악하고 변별할 줄 아는 식견이 있고 해석할 줄 알아야 함은, 일찍이 당초(唐初)의 사가(史家) 유지기도 "역사(공부)에는 재주와 배움, 그리고 분별력이 있어야 하는데, 두루 갖추기가 어렵다(史有三長 才, 學, 識, 世罕兼之)"고 하였음에서 알 수 있습니다. 역사가들이 사실 천착에만 매달리는 데 대해서 문호 톨스토이가 "역사가는 아무도 묻지 않는 물음에 해답을 늘어놓는 사람들"이라고 핀잔을 주었습니다. 이는 철학자 니체가 역사 지식은 필요 없고 해만 되는 '역사적 질환'이며, 역사에는 기억보다는 망각이 필요하다고 역사를 극단적으로 부정한 것보다, 오히려 더 신랄하고 심각한 비판이라고 생각됩니다.

대학 교단에서나 논문작성 때나 이를 염두에 두고는 있으나, 균형 잡힌 연구와 저술이 지난(至難)함은 유지기의 주장이나 톨스토이의 핀잔 그대로임을 느끼게 됩니다.

사실(史實)들 속에 파묻혀 전반적 국면을 이해 못하는 것도 안되는 일이지만, 불충분한 사실탐구의 기반 위에서 함부로 안이한 일반화 논정(論定)을 행하는 것은 공허하고 오히려 유해할 수도 있습니다.

9. 해석논정(解釋論定)의 과제들

최근에는 역사에 대한 해석과 논정의 과제들을 주로 다루어 왔습니다. 전통의 수호와 방기(放棄), 서방의 새 문물의 수용, 한말의 국가와 민족에 대한 열등 평가와 양반사회의 통합성과의 관계, 유교망국론(儒敎亡國論)과 유교자본주의, '아시아적 가치'론, 충효와 윤리도덕, 우리나라에서 과학기술이 발달되지 않은 점, 한국인의 인문 존중과 상공업 홀시 태도에 대한 견해 등이 최근의 관심사였습니다.

또 동아(東亞) 삼국의 역사에서 상호관계에 대하여 다각적인 검토를 하였습니다. 예컨대 한국과 일본, 또는 중국과의 관계가 친밀에서 소원으로 역행한 점에 대한 검토, 조선시대의 자족폐쇄(自足閉鎖)의 대외적 입장, 이념과 도덕에 대해 적극적인 강조와 물화(物貨)교역에 대한 소극적인 태도에 대한 고찰을 통하여 한국을 중심으로 일본, 중국과의 관계를 조망하였습니다.

동아시아 삼국은 상호 소원하면서도 문화 관념상으로는 친근감, 동질감을 가지고 있었음을 의심할 수 없습니다. 한자문화권이라는 동질적인 문화적 바탕 위에서 여행, 교역, 통혼, 이민, 취직, 유학 등이 부단히 이루어져 왔지만 또한 서로 다르다는 인식도 함께 작용하여 소원함이 공존하고 있었습니다. 한문 원문을 공통된 기본교양으로 갖춘 삼국은 한문, 한시, 필담으로 공통 용어를 구사할 수 있습니다.

한편 서구문물 도입 뒤에 한문은 일본식 역어(譯語)로 재구성되어 우리의 일상에서 쓰는 다양한 용어를 만들어내었습니다. 철학, 수학, 물리 등의 용어는 바로 그런 산물이라 할 수 있습니다. 오

늘날 한자문화를 기반으로 삼국이 공통어를 개발하여 좀 더 의사
소통을 용이하게 할 수 있는 방법을 제안하는 것은 이런 여건 속
에서 자연스런 것이라 할 수 있습니다.

10. '반지반해(半知半解)'의 '긍시학인(矜恃學人)'

팔순을 바라보면서 자신의 역사 연구과정을 뒤돌아보고 붙여본
스스로의 평가는 '반지반해(半知半解)'라 할 수 있습니다.

역사상의 사실의 철저한 구명과 사료 및 사서들을 충분히 이용
하지 못하여 지적 탐구심도 충족하지 못하였으니 '반지(半知)'인
(人)이라 하겠습니다.

처음부터 관심 가졌던 중국 역사와 서역사에 대한 사실적 탐구
도 너무 미흡으로 끝났음을 자인할 수밖에 없습니다. 다만 현재
후배들이 이 분야의 현지까지 진출하고 현지 언어까지 습득하면
서 활약하는 모습을 보는 것이 마음 든든히 여겨집니다.

역사학계의 여러 시조(思潮)와 사관 속에서도 이렇다 할 이론을
자기의 신념으로 체득하지 못하고, 수많은 문제들을 거론하고 논
정(論定)까지 했으나 내심 미족(未足)함을 느끼는 바가 적지 않습
니다. 그래서 이를 일컬어 '반해(半解)'라 하겠습니다. 곧 지적탐
구와 사적해석 두 가지가 다 절반 정도에 머물렀으니 '반지(半知)
이며 반해(半解)'라 할 수밖에.

[내가 이런 자작표현의 소제목을 걸었더니 여기에 참석한 동료 유

영익(柳永益) 교수가 즉석에서 이 문구는 무쓰 무네미쓰(陸奧宗光)의
《건건록(蹇蹇錄)》에 나오며, 당시 조선의 개화당 인사들을 가리킨 말
이라고 가르쳐 주었다. 그 책을 찾아 들추어보니 문구는 같지만 뜻은
동일하지는 않으나 재미있는 우합(偶合)이다.]

　나이 많은 역사학도의 현재의 심경은 '긍시학인(矜恃學人)'이라
고 표현할 수 있습니다. 비록 절반의 만족밖에 이루지 못한 역사
연구이나, 아직도 역사학을 자랑스러운 학문으로 자각하고 있습
니다. 경사자집(經史子集)의 서적 분류에서도 역사는 상위에 속하
고, 지식인의 교양요소로서도 우선시되고 있고, 사회나 언론에서
도 역사지식이나 역사적 시각을 중시해주고 있으니, 이것을 은근
히 자랑으로 여깁니다. 그래서 무엇보다도 제가 역사학을 탐구하
는 것을 '긍시'로 여기고 있습니다.

　마지막으로 자평하자면 저 스스로 '사가(史家)'라고 일컫기에는
주저가 되고 그렇다고 '역사학자' 또는 '역사학도'라 일컫기에는
너무 자겸(自謙)하는 것 같아서, 현직에 매이지 않은 노학자(老學
者)로서 지금도 학문에 계속 관심을 갖는다는 뜻으로 '학인(學人)'
이라 자칭하고 싶습니다.

　까다롭고 생소한 한문 문구를 써서 죄송하나, 본인의 뜻은 이
문구로 요해(了解)될 수 있으리라 생각합니다.

(高惠玲 정리. 2007. 12. 8.)

제2회 한·일 역사가 강연회
_한국 서울(2003)

한국사의 진실을 찾아서

이기백(李基白)

일본 근대사 연구와 한국[朝鮮]문제

나카쓰카 아키라(中塚明)

한국사의 진실을 찾아서

이기백(李基白)

전 서강대학교 명예교수

1. 민족을 위한 한국사 공부

저는 1924년에 태어났으니까 1945년에 해방이 될 때까지 21년 동안을 일제의 식민통치 아래서 살았던 셈입니다. 일제가 중국에 대한 전면적인 침략을 시작하고(1937), 미국과 전쟁을 시작하면서 (1941), 한국에 대한 탄압은 더욱 가혹해졌고, 그 임흑 속에서 꿈 많던 젊은 시절을 보냈습니다. 그런 절망의 수렁 속에서도 제가 다니던 오산학교(五山學校)의 전통이, 그리고 특히 선친으로부터의 교훈이 민족에 대한 책임을 저에게 일깨워주었습니다. 선친은 독일과의 전쟁에 패한 덴마크를 부흥시키는 데 큰 공헌을 한 그룬트비의 국민고등학교 교육에 대해 큰 관심을 가지고 계셨습니다. 그룬트비는 "그 나라의 말과 그 나라의 역사가 아니고는 그 민족을 깨우칠 수 없다"고 하였다는데, 우리 형제들은 귀에 딱지가 생길 정도로 이 말을 되풀이해서 들었습니다. 그리고 선친은 우리나라 분학작품이나 역사책을 경제적인 무리를 하면서 많이 사들였습니다. 제가 한국사를 공부하게 된 직접적인 동기는 이러한 선친으로부터 받은 영향에 힘입었다고 할 수가 있습니다.

당시 제가 감동 깊게 읽은 한국사에 관한 글로는 신채호(申采浩)의 《조선역사상 일천년래 제일대사건(朝鮮歷史上 一千年來 第一大事件)》과 함석헌(咸錫憲)의 《성서적 입장에서 본 조선역사》가 있습니다. 전자는 한국사의 큰 흐름을 낭가(郞家)의 독립사상과 유가(儒家)의 사대사상 사이의 대립관계에서 파악한 것이었습니다. 후자는 도덕적 관점에서 한국사를 개관한 것이었는데, 사육신과 임경업(林慶業)에 관한 대목을 읽으면서 비분해 했습니다. 이두 글은 모두 민족주의적 정신사관이라고 할 수 있겠는데, 정치·경제·군사·외교 등 모든 면에서 주권을 잃은 상황을 반영하는 것이라 하겠습니다.

저는 1941년에 일본의 와세다(早稻田)대학에 입학하였는데, 그때 읽은 랑케의 《강국론(强國論)》이 저의 민족주의적인 사고를 더욱 굳게 하였습니다. 랑케는 세계사에서 민족의 구실을 강조하고, 독자적 성격을 지닌 민족 단위의 국가를 강국으로 규정했습니다. 그러는 한편으로 헤겔의 《역사철학서론》과 마이네케의 《역사주의의 입장》도 퍽 흥미 있게 읽었습니다. 헤겔은 역사를 자유를 향한 이성(理性)의 자기발전으로 보았으며, 마이네케는 역사적 사실들을 상대적으로 보려는 것이었습니다. 그러니까 이때 저는 역사란 자유라는 목표를 향하여 발전하는 것이며, 그 발전의 구체적 담당자는 민족을 단위로 하는 국가였으며, 그 발전과정에서 일어나는 역사적 사실들은 시대적인 상황에서 상대적인 평가를 받아야 한다고 생각했던 셈이 됩니다.

2. 한국사를 보는 관점의 문제

1945년 8월 15일, 일본이 연합국에 항복함으로써 한국은 식민통치의 굴레에서 해방되었습니다. 그때 저는 일본 군대에 끌려가서 만주에 있었는데, 해방과 함께 소련군의 포로가 되었습니다. 그러다가 1946년 1월에야 석방되어 고향에 돌아왔습니다. 저는 해방이 되면 베이징(北京)으로 유학가기를 원하였으나, 당시의 사정이 여의치 않았으므로 서울로 와서 서울대학에 편입학하여 공부를 계속하게 되었습니다. 이미 인사를 드린 바 있는 이병도(李丙燾)와 그리고 손신태(孫晋泰)로부터 우리말로 강의를 들으며 감격해 했습니다.

이때 제가 고민한 문제는 둘이 있었는데, 그 가운데 하나는 식민주의사관이었습니다. 당시 한국은 남과 북으로 분단되었을 뿐아니라 좌우익 사이에 대립이 심하였고, 이에 따르는 여러 병폐가 발생하여 민족적 자존심은 크게 손상되고, 열등의식은 반대로 극도로 조장되었습니다. 이 같은 심리적 상황에서는 민족의 발전을 기약하기가 힘든 상태였습니다. 그런데 이런 민족적 열등의식의 뿌리는 일본 어용학자들이 만들어낸 식민주의사관에 따라 조상된 것이고, 따라서 이 식민주의사관을 학문적으로 깨뜨려야겠다는 생각이 들었던 것입니다.

제가 보기에 식민주의사관의 기본은 지리적 결정론이었으며, 이 이론을 가장 완벽하게 표현한 것이 미시나 쇼에이(三品彰英)의 《조선사개설(朝鮮史槪說)》(1940)이었습니다. 이에 따르면 대륙에 붙어 있는 작은 반도인 한국은 중국·만몽(滿蒙)·일본 등 주변 강대국의 영향 아래 놓여 있었으며, 그 결과 당벌성(黨閥性)·의뢰성(依賴性)·뇌동성(雷同性)·모방성(模倣性) 등으로 표현되는 민족성이 조성되었다는 것입니다. 반도라는 지리적 조건은 인간의 힘으로 변경시킬 수 없는 것이므로, 이것은 한국 민족의 피할 수 없는 숙명이었던 셈입니다. 지리적 조건이 역사에 일정한 영향을 끼치는 것은 분명하지만, 그러나 그것이 결정적 요인일 수는 없으며, 인간사회의 내적 발전과 관련해서만 고려될 수 있는 것입니다. 이 점은 다른 나라의 경우와 비교해 보면 곧 알 수 있다는 게 제 생각이었습니다. 그러한 의견을 《국사신론》(1961)의 서론에서 발표하였는데, 그 이후 사회적 요구에 따라서 여기저기 발표했던 글들을 《민족과 역사》(1971)에 실어 두었습니다.

그런데 이 식민주의사관 문제는 이상한 방향으로 확대되었습니다. 이른바 재야 학자라고 일컬어지는 인사들이 대학 강단에서 강의를 담당하는 학자들을 식민주의 사학자라고 공격하고 나섰기 때

문입니다. 그들의 주장은 여러 가지였으나, 가장 중요한 것은 단군
의 고조선 건국에 관해 전승된 이야기는 신화가 아니며, 건국 연
대도 전승(傳承)대로 4천여 년 전으로 봐야 하며, 또 고조선의 영
토는 베이징에까지 미치고 있었다는 것입니다. 그러므로 이를 부
정하는 대학 교수들은 식민주의 사학자라고 공격한 것입니다.

　저는 이것이 한국 역사학의 위기이며, 이 위기를 극복하지 못
하면 한국 역사학은 파국을 면하지 못할 것이라고 판단해서 이를
비판하는 글을 거듭 발표하였습니다(《한국사상(韓國史像)의 재구
성》 수록, 1991). 하기는 대학 교수 가운데서도 그것을 하나의 학
설로 대해야 한다는 의견을 말하는 사람도 있었습니다. 그러나
환웅(桓雄)이 하늘로부터 내려왔다는 것을 역사적 사실로 믿으라
는 것은 국민을 우롱하는 망언이지 학설일 수가 없습니다. 영토
가 넓어야 위대한 민족이라는 주장은 바로 지리적 결정론 그대로
이며, 식민주의 사학이 파놓은 함정에 빠지는 것입니다. 이 재야
학자들이 일으킨 파동은 일단 수그러졌으나, 일본에서 교과서 파
동 등 침략주의적 주장이 그치지 않는 것과 마찬가지로, 언제 또
다시 터져 나올지 모르겠다는 생각을 떨쳐버릴 수가 없습니다.

　해방 후에 고민한 또 하나는 유물사관의 문제였습니다. 해방
전에 저는 유물사관의 문제를 심각하게 생각한 일이 없습니다.
그런데 해방이 되자 정치적으로 좌우익의 대립이 격화되었는데,
그 사상적 배경을 이루는 민족주의와 유물사관의 대립이 사학계
에서도 큰 문제로 부각되었습니다. 유물사관은 민족 내부에 대립

되는 두 계급이 있는 것으로 보고, 장차 계급이 없는 평등사회를 건설하자는 것이었습니다. 이러한 사회적 정의감은, 평안도 상놈의 집안에 태어나서 그리스도교의 평등사상에 젖어온 저에게 공감되는 바가 있었습니다. 그러나 물질적 생산력의 발전에 대응하여 경제적 사회구성체가 아시아적·고대적(노예제적)·봉건적·부르주아적(자본주의적) 생산양식으로 진전되었다는, 이른바 유물사관의 공식이 좀처럼 납득이 되지 않았습니다. 백남운(白南雲)은 한국사의 특수성을 비판하고 세계사적인 일원론적 역사법칙이 한국사에 적용된다고 하여 삼국시대를 노예사회로 규정하였습니다(《조선사회경제사》, 1993). 그러나 이청원(李淸源)은 그의 주장을 공식주의라고 비판하고, 노예사회를 고려 말까지로 보았습니다(《조선역사독본(朝鮮歷史讀本)》, 1937). 그런가 하면 전석담(全錫淡)은 아예 한국에서 노예사회의 존재 자체를 부정하였습니다(《조선사교정(朝鮮史敎程)》, 1948). 이와 같이 유물사관 공식을 적용하는 데에는 많은 견해차가 있었습니다. 게다가 아시아적 생산양식을 아시아적 특수성으로 이해하는 경우에, 일원론적 역사법칙에 따른 한국사 이해는 불가능해지는 것으로 생각되었습니다. 저는 생산력의 발전을 기준으로 하는 역사발전의 시대구분은 가능하다고 믿고 있지만, 그것이 현재의 공식과 같은 것이 되는 것일까 하는 데에는 의문을 가지고 있습니다. 또 그것만이 유일한 시대구분이라는 배타적인 주장에도 찬동할 수가 없습니다. 역사는 여러 각도에서 여러 기준에 따라 그 발전과정을 살필 수 있다고 생각하기 때문입니다.

그러나 저는 유물사관을 통해서 민족 내부의 갈등에 주목하도록 자극받았습니다. 민족을 단일한 개인과 같이 생각하는 민족주의사관과는 달리, 민족을 구성하는 여러 인간집단 사이의 사회적 대립 관계에 주목하게 된 것입니다. 다만 민족 내부의 갈등 요소는 계급만이 아니라 신분도 있으며, 이 신분이 전근대사회에서는 더 중요한 의미를 가지는 게 아닌가 하는 생각입니다. 어떻든 이 같은 민족 내부의 갈등에 주목하게 된 것은 제 역사학 연구에 하나의 진전이라고 생각하고 있습니다.

그런데 이 유물사관은 민족주의사관에 대하여 대단히 비판적이었습니다. 비록 관념적이긴 하였지만, 민족주의사관은 독립운동의 정신적 뒷받침이 된 것이며, 시대적 요청이었던 것입니다. 그러므로 민족주의사관과 유물사관의 단점을 버리고 장점을 취해서, 더 높은 차원의 한국사관을 정립할 필요가 있다고 생각하게 되었습니다. 저는 그러한 노력을 한 선구적 역사가로서, 일제시대의 문일평(文一平)과 해방 후의 손진태를 주목해 왔습니다.

그런데 민족주의사관과 유물사관에 따른 한국사 연구는, 목적의식이 너무나 강했기 때문에, 구체적인 역사 연구에서는 많은 결함을 나타내고 있었습니다. 그러므로 올바른 역사적 사실의 해명이 필요하다고 생각하는 실증사학이 일어나게 된 것입니다. 이 실증사학을 대표하는 것이 이병도를 중심으로 조직된 진단학회(震檀學會)였습니다. 위의 문일평과 손진태는 이 실증사학과도 밀

접한 관계를 가지고 있어서, 말하자면 민족주의사관·유물사관·실
증사학의 셋을 아울러서 새로운 한국사학을 건설하려고 노력하였
다고 할 수가 있습니다. 저는 이러한 노력이 더욱 계승·발전되어
야 한국사학의 앞날이 밝을 것으로 믿고 있습니다.

3. 구체적 연구의 과정

저는 한국사에 흥미를 가지기 시작할 때에 신채호·함석헌이 민
족의 정신적 각성을 촉구하는 주장에 감동하였던 관계로 사상사를
연구하려고 결심했었습니다. 그래서 처음 손을 댄 것이 불교의 전
래·수용 과정이었습니다. 그 결론은 왕권이 강화되면서 국왕을 중
심으로 한 귀족들이 현세이익적(現世利益的)인 불교를 수용했다는
것이었습니다. 그런데 통일신라가 되면 여러 고승(高僧)들이 등장
하여 많은 저술을 남기었고, 한편으로는 민중들 사이에서 정토신
앙(淨土信仰)이 크게 유행하였는데, 불교의 경전에 눈이 어두운 저
로서는 그 이상 앞으로 나갈 수가 없었습니다. 그래서 정치사·사
회사 방면으로 눈을 돌리게 되었습니다. 그것도 사료가 비교적 많
은 고려시대로 옮기어서 《고려사》를 읽기 시작했는데, 과장하지
않고 말해서 저는 소설 읽듯이 흥미진진하게 읽어 갔습니다.

그 과정에서 우선 주목된 것이 후삼국시대를 전후해서 각 지방
에 존재하던 호족(豪族)이었습니다. 이들은 독자적인 군사력을 가
지고 있었는데, 《삼국사기》〈김양전(金陽傳)〉에 나오는 족병(族兵)

이란 용어와 결부하여서 신라 말기의 사병(私兵) 문제를 우선 다
루었습니다(〈신라사병고(新羅私兵考)〉, 1957). 그 뒤로 저는 그 사
병들의 행방에 궁금증을 가지고 추구한 결과, 고려의 경군(京軍)
곧 중앙군이 병농일치(兵農一致)에 입각한 부병(府兵)이 아니라,
군반씨족(軍斑氏族)으로 성적(成籍)되어 있던 전문적 군인들로 구
성된 것이라는 결론을 얻게 되었습니다(〈고려경군고(高麗京軍考)〉,
1956). 이 새로운 주장은 종래의 부병제설(府兵制說)을 뒤엎은 것
으로서 스스로 자랑스러워 했었습니다.

그런데 이 주장에 대하여는 즉각 강진철(姜晋哲)의 비판이 뒤따
랐습니다. 그는 종전의 부병제설을 옹호하는 입장이었는데, 추측
컨대 농민에 대한 인신지배(人身支配)를 근거로 하여 고려시대를
노예제사회로 보는 그로서는 농민의 부담에서 군역(軍役)을 제외
하는 것이 달갑지 않았던 것 같습니다. 그러나 전시과(田柴科)의
군인전(軍人田)에서 일반 농민의 토지문제를 생각하는 것은, 조선
의 과전법(科田法)에서 농민의 토지문제를 생각하는 것과 마찬가
지로 무리한 일이라는 게 제 생각입니다. 어떻든 그의 비판을 받
게 되어 저는 더욱 이 문제를 치밀하게 살펴보게 되었는데, 그 결
과가 《고려병제사연구(高麗兵制史研究)》(1968)였습니다.

그 후 젊은 학자들 가운데서 부병제설과 군반씨족설을 절충하
는 주장을 내세우는 경우가 있었으나, 저는 개의치 않고 지내왔
습니다. 그런데 1966년 미국에 갔을 때 안 일이지만, 박시형(朴時
亨)이 《조선토지제도사》 상(1960)에서 저와 꼭 같은 주장을 하고

있는 것을 보고 놀랐습니다. '국경과 이념을 넘어서 구체적 사실
에 충실하면 같은 결론을 얻을 수 있구나' 하는 생각을 하게 되었
습니다. 게다가 최근에도 북한에서 고려의 부병을 전업 상승군인
으로 보는 견해가 발표되어 흥미를 더해주고 있습니다(안명수,
〈고려 부병제도의 몇 가지 특징〉, 《력사과학》 177, 2001).

한편 신라 말기의 사병 소유자를 위로 거슬러 올라가서 살펴보
면, 결국 신라의 진골 귀족과 부닥치게 됩니다. 그런데 그들의 정
치적 활동에 대하여는 이렇다 할 설명이 없는 것입니다. 다만 다
행히 신라의 관직명은 《삼국사기》의 〈직관지(職官志)〉에 상세히
나와 있고, 또 〈본기(本紀)〉에는 상대등(上大等)과 집사부(執事部)
중시(中侍)의 임면에 관한 기록이 거의 빠짐없이 나와 있는 것입
니다. 저는 이들 기록을 검토한 결과, 대체로 삼국시대의 상대(上
代)(中古)는 대등(大等)과 상대등이 정치세력의 중심이 된 귀족연
합정치시대라 할 수 있고, 통일 후 약 백 년 동안의 중대(中代)는
집사부(執事部) 중시(中侍)가 왕권을 대변하는 전제정치시대요, 하
대(下代)는 다시 상대등이 재등장하면서 진골귀족 사이에 정권다
툼이 심한 귀족연합정치시대라고 규정할 수 있다고 주장하였습니
다(《신라정치사회사연구(新羅政治社會史硏究)》, 1974). 종래 신라의
역사는 왕위의 계승관계를 기준으로 해서 내물왕계 시대니 무열
왕계 시대니 원성왕계 시대니 하는 식으로 정리하거나, 혹은 노
예제사회니 봉건사회니 하는 논의가 있어 왔으나, 정치형태를 중
심으로 한 연구는 없었던 것이므로, 저로서는 노력한 만큼 성과

도 있었다고 생각하였습니다.

그런데 이에 대해서도 많은 비판이 나왔습니다. '관직을 가지고 정치적 성격을 규정할 수 있는가'라든가, '귀족회의가 엄존하는 골품제 사회에서 전제정치가 가능한가'라든가, '인간을 유형화히는 것은 역사의 진실을 이해하는 데 장애가 된다든가' 하는 등 여기에 일일이 거론하기가 힘들 정도입니다. 그러나 같은 관직에 임명된 인물들이 일정한 공통점을 가지고 있다면, 이를 통해서 그 정치적 성격을 추측해낼 수가 있는 것입니다. 그리고 같은 관직이라도 그것이 운영되는 상황에 따라서는 변화상을 이해할 수도 있는 법입니다. 또 전제정치란 원래 신분제사회의 산물인 것이며, 유형화 작업은 개인을 중심으로 역사를 쓰던 전근대적 역사학에서 탈피하는 필수적인 절차인 것입니다. 이같이 가능한 한 자세하게 답변을 해두었습니다(《한국고대정치사회사연구(韓國古代政治社會史硏究)》, 1996, 가운데 신라 부분 참조).

이 같은 정치사·사회사에 대한 연구는 저에게 사상사를 다시 볼 수 있도록 이끌어 주었습니다. 그래서 삼국시대의 불교사 부분을 보충도 하고, 또 통일신라시대의 정토신앙에 대해서도 연구를 진행하였습니다. 그리하여 신라사회가 전제정치 아래서 분화작용이 일어난 관계로, 같은 정토신앙이라도 신분에 따라서 그 내용이 다르다는 점을 지적해 두었습니다. 예컨대 국왕의 경우는 사후에 추선(追善)으로 왕생하기를 기원하는 것이었고, 노비의 경우는 염불하여 현신(現身)으로 왕생하기를 기원하는 것 같은 차이가 있음을 밝혀두었습니다(《신라사상사연구(新羅思想史硏究)》, 1986).

한편 독립된 논문으로 쓴 것은 아니지만,《한국사신론》에서 통일신라시대에 화엄종이 전제왕권을 중심으로 한 중앙집권적 지배체제를 뒷받침하였다고 서술했습니다. 이것은 김문경(金文經)의 〈의식(儀式)을 통한 불교의 대중화운동(大衆化運動)〉(《史學志》 4, 1970)에서 제시된 견해에 찬동해서 서술한 것이었습니다. 이에 대해서 김상현(金相鉉)이 불교신앙의 입장에서 비판을 해왔습니다. 그에 따르면 화엄사상은 시대와 장소를 초월하는 초역사적인 보편성을 띤 것이기 때문에, 세속적인 이념이 될 수가 없다는 것이었습니다(〈신라 중대 전제왕권(新羅 中代 專制王權)과 화엄종(華嚴宗)〉,《동방학지(東方學志)》 44, 1984). 그러나 어떠한 종교적 사상도 결국은 인간의 사상이며, 인간의 다른 모든 행위와 마찬가지로 그 사상도 역사적 고찰의 대상에서 벗어날 수 없다는 것이 제 생각입니다.

4. 《한국사신론》과 시대구분 문제

지금은 부끄러운 일로 생각하고 있지만, 저는 비교적 일찍부터 개설을 썼습니다. 대체로 교재를 위한 것이었는데, 그래서 1961년에 간행된 《국사신론》의 후기에서 금전에 대한 유혹을 뿌리치지 못하고 쓰게 된 것을 고백하여 독자의 용서를 빌기도 하였습니다. 그러므로 제 자신의 독자적인 특색을 지닌 것이 못 되었습

니다. 다만 《국사신론》에서는 식민주의사관을 비판하는 비교적
장문의 서론을 힘들여 썼는데, 이 서론은 식민주의사관을 학문적
으로 비판하는 첫 번째 글이 되었고, 이를 읽고 감격해서 눈물을
흘렸다는 분도 있어서 적지 않은 보람을 느꼈습니다. 그러나 그
것은 개설의 본론과는 상관이 없는 것이며, 관례에 따르는 왕조
중심의 시대구분은 잠정적인 임시방편에 지나지 않았습니다.

  그 뒤 저는 개설을 어떻게 하면 생동감이 넘치는 것으로 할 수
있을까 하는 데 적지 않게 고심하였습니다. 그러한 고심의 결과
새로운 정리를 인간 중심으로 시도하는 것이 좋겠다는 생각을 하
게 되었습니다. 여기에는 하타다 다카시(旗田巍)가 그의 《조선사
(朝鮮史)》(1951)에서 종래 일본에서 이루어진 한국사 연구가 인간
이 없는 역사학이었다고 비판한 데에 자극을 받은 바 있습니다.
이러한 관점에서 새로운 구상을 하는 저에게 우선 머리에 떠오른
것이 후삼국시대를 중심으로 하는 신라 말, 고려 초의 호족들의
활동 시기였습니다. 종래 이 시기는 모든 개설서에서 지극히 가
볍게 처리되는 것이 보통이었습니다. 그러나 이 시기는 그 앞의
시대와는 다른 유형의 인간들이 역사의 주도권을 쥐고 있던 역사
의 변혁기였으며, 이어 새로운 시대를 열어간 도약기이기도 하였
습니다. 그들 호족은 성주니 장군이니 하며 군사적으로 사병을
거느리고 있었으며, 또 정치적으로나 경제적으로 독립되어 있었
습니다. 그리고 이 시기에 사상적으로는 선종(禪宗)과 풍수지리설
이 유행하기 시작하였고, 미술에서는 거대한 불상들이 제작되고,

독특한 부도(浮屠)와 탑비(塔碑)가 유행하였는데, 이것들이 모두 호족과 연결지어 설명이 되는 것입니다. 그래서 저는 이 시기를 '호족(豪族)의 시대'라고 명명하여 독립시키고 20년 이상을 할당하였습니다. 이와 같이 일정한 시기에 역사의 주도권을 쥐고 있던 사회적 지배세력을 기준으로 해서 시대구분을 하여 개설을 쓰면, 한국의 역사가 발전해 간 과정이 생동감 있게 이해될 수 있을 것이라고 생각한 것입니다. 그 결과 《한국사신론》에서는 전체가 18개(뒤에 16)로 시대구분이 되고, 그 각 기(期)는 하나의 장(章)으로 처리되었습니다.

이러한 지배세력을 기준으로 한 시대구분에 대해서 이를 지배계급 중심의 사관이라는 비판이 있었습니다. 그러나 저는 신석기시대에는 씨족원(氏族員)이 지배세력이었고, 근대에 와서는 민중이 지배세력으로 등장하고 있다고 하였습니다. 씨족원이나 민중이 지배계급이 아닌 것이 분명한 것과 같이 제 시대구분은 지배계급 중심이 아니었습니다. 또 한편에서는 어느 시대가 세계사적 시대구분으로 볼 때 고대·중세·근대에 해당하는지가 해명될 수 없다는 비판도 있었습니다(하현강(河炫綱), 《한국의 역사》, 1979). 여기서 말한 세계사적 시대구분이 어떤 것인지 설명이 없어서 잘 모르겠습니다. 만일 그것이 노예제사회·봉건사회·자본주의사회와 같은 구체적 내용이 담겨져 있지 않는 것이라면, 그 고대·중세·근대는 무의미하며, 결코 세계사적 시대구분은 아닌 것입니다. 이런 가운데 서양사에서 미시적(微視的)인 주제별 시대구분이 일반사 편술에서 지배적인 경향이 되고 있다는 소개(차하순(車河淳), 〈시대구분의 이론과 실제〉,《한국사시대구분론》, 1995)는 저에게 큰 힘이 되었습니다.

그런데 저는 한국사의 지배세력이 일정한 시기까지는 그 사회적 기반이 점차적으로 좁아지다가, 통일신라의 전제정치시대를 고비로 하고 그 사회적 기반이 점차적으로 확대되어 갔으며, 그러다가 신분제가 폐지된 뒤에는 더욱 사회적 기반이 확대되어서 드디어는 상공업자나 농민 등도 점차로 사회적 진출을 하게 된다고 보았습니다. 이와 관련해서 주목되는 것이 이만갑(李萬甲)의 다음과 같은 주장입니다. 즉 그는 1960년대 중반부터 "한 사회의 변혁을 주도하는 세력은 지배계급의 바로 밑에 위치하는 주변집단이다"라고 주장해 왔다고 합니다(《의식에 대한 사회학자의 도전》 서언, 1996). 그가 가설이라고 말한 이 주장은 제가 한국사 발전과정의 후반부를 보는 시각과 일치하고 있습니다. 저는《한국사신론》에서 위에 제시한 발전과정의 경향을 법칙과 같은 것으로 주장할 수 있을는지 모르겠다고 했으니, 지금은 이만갑의 주장에 힘입어서 그렇게 봐도 좋겠다는 생각입니다. 그리고 위에서 제시한 3단계의 발전과정을 고대·중세·근대의 3분법으로 처리할 수도 ·있겠다는 유혹을 받기도 합니다. 그러나 학자에 따라서 이렇게도 해석되고 저렇게도 해석되는 3분법은 아무런 의미가 없는 것이란 생각에서 그 유혹을 물리치고 있는 형편입니다.

결국 한국사는 통일신라 이후 더 많은 민족 구성원이 평등한

입장에서 정치활동의 자유, 직업 선택의 자유, 결혼의 자유, 사상
의 자유, 신앙의 자유, 학문의 자유를 추구해 온 과정으로 이해할
수 있겠습니나. 저는 이 흐름을 한국사 발전의 법칙으로 이해할
수가 있으며, 이 진리를 이해하는 것이 앞으로 한국사의 발전 방
향에 대한 길잡이가 될 것으로 믿고 있습니다.

학문은 진리를 탐구하는 것을 목적으로 한다는 평범한 신념으
로 지금껏 한국사 연구에 전념해왔습니다. 저의 이런 신념은 야
나이하라 다다오(矢內原忠雄)로부터 고취되었습니다. 그는 독실한
무교회주의 그리스도교 신자였으나, 저는 그가 학문적 진리를 강
조하는 데 더 감화를 받았습니다. 오늘날 민족을 지상으로 생각
하는 경향이 널리 번지고 있습니다. 그러나 민족은 결코 지상이
아닙니다. 이 점은 민중의 경우에도 마찬가지입니다. 지상인 것은
진리인 것입니다. 진리를 거역하면 민족이나 민중은 파멸을 면하
지 못합니다. 오늘의 학자들은 이 점에 대한 믿음을 확고하게 견
지해야 한다고 믿는 것입니다.

일본 근대사 연구와 한국[朝鮮]문제

나카쓰카 아키라(中塚明)
나라여자대학(奈良女子大學) 명예교수

첫머리에

제3회 일·한역사가회의 개최 기념 공개강연회에서 말할 기회를 얻게 된 것을 매우 영광으로 생각합니다. '역사가의 탄생'이라는 주제로 연설하기에 어울리는 역사가는 일본에 많이 계십니다. 결코 제가 적임자라고는 생각지 않기 때문에 사양을 했지만, 일본 조직위원회가 굳이 제게 의뢰를 한 것은 제가 오랫동안 근대일본과 조선의 관계를 연구해 온 사람 가운데 한 사람이기 때문이 아닐까 합니다. 오늘 말씀드릴 것은 약 50년에 걸쳐 연구에 종사해 온 한 역사연구자가 경험한 이야기에 지나지 않습니다. 게다가 말할 시간도 30분으로 한정되어 있습니다. 따라서 오늘은 제가 근대 일본의 역사를 밝히는 데 어째서 조선 문제를 염두에

두어 왔는지를 중심으로, 학은(学恩)을 입은 분들에 대한 소개도
겸하여 말씀을 드리고자 합니다.

또한 이 자리에서 제가 '조선'이라는 용어를 사용할 때는 대한
민국, 조선민주주의 인민공화국을 합친 한반도(조선반도) 전역을
가리킨다는 점을 미리 말씀드리오니 양해해 주시기 바랍니다.

1. 역사 연구자로서의 출발

저는 1929년 9월에 태어났습니다. 그 다음 달인 10월 24일에
는 뉴욕 주식 시장의 대폭락으로 세계 대공황이 시작되었습니다.
두 살 생일을 맞은 다음 날에는 일본군의 중국 동북침략전쟁(이른
바 '만주사변')이 일어났습니다. 그 이후는 아시다시피 '중·일 전
면전쟁', '태평양전쟁'으로 이어집니다. 많은 일본의 어린이들이
그러했듯이 '군국 소년'으로 자랐으며, 15살 때 해군병학교에도
진학해 패전 직전 약 5개월은 군대 생활도 경험했습니다.

제가 대학에 들어가 본격적으로 역사 공부를 시작한 것은 1949
년의 일이었습니다. 그 전에 1946년부터 다닌 구제(舊制) 고등학
교 시절 3년 동안은 물론이고 대학 시절도 포함해서 일본은 이른
바 '전후 격동의 시대'였습니다.

제2차 세계대전 전에 일본을 지배했던 가치관은 극적으로 붕괴
되어 갔습니다. 일본의 역사를 어떻게 볼 것인가에 대해서도 크
나큰 변화가 있었음은 말할 것도 없었습니다. 그런데 일본을 점

령한 미국은 천황의 전쟁 책임을 묻지 않았습니다. 전쟁 전에 일본에서 절대 권력을 휘둘러 왔던 천황은 마땅히 져야 했던 책임을 면한 것이었습니다. 또한 저를 포함한 일본인들에게는 천황의 전쟁 책임을 추구할 만한 주체적 역량이 거의 없었다는 사실, 매우 약했다는 사실도 잊어서는 안 됩니다. 이와 같은 사정으로 말미암아 일본의 군국주의를 지탱해 왔던 정치적, 사상적 힘은 교묘히 온존되었던 것입니다.

미국의 아시아·태평양 전략에서 전진기지의 구실을 맡게 되었던 일본은 메이지 시대부터 형성된 군국주의적 사상이 청산되지 않고 새로이 정치적인 힘으로 작용하게 됩니다. 1950년 조선전쟁[이하 한국전쟁]을 계기로 일본에서는 오늘날의 자위대의 전신인 군대가 부활했고 제2차 세계대전 이전 사상의 부활은 해를 거듭할수록 더 현저하게 힘을 더해 갔습니다.

그런 한국전쟁의 시기에 저는 대학에서 졸업논문을 썼습니다. 1980년대의 자유민권운동이 그 쇠퇴와 함께 국가주의적 성격이 강화하고 일본의 소선·중국 침략에 가세하게 되는가, 그 이유를 해명하려는 것이 논문의 주제였습니다. 이 졸업논문은 제가 일본과 조선의 관계, 조선에 관해서 더 알지 않으면 일본의 역사도 알 수 없게 되는 것이 아닌가 하는 생각을 품게 했던 첫 계기였습니다.

2. 학은을 입은 분들 ─ 특히 야마베 겐타로 씨에게서 배운 것들

새삼 말할 것도 없는 일이지만, 오늘에 이르는 오랜 연구생활 속에서 저는 많은 은사와 선배, 재일 한국·조선인을 포함한 다수의 벗들, 나아가 한국과 중국의 여러 선생님들로부터 많은 것을 배웠습니다. 또한 몇몇 출판사의 훌륭한 편집자와도 만나 몇 권의 저술을 출판할 수도 있었습니다.

(1) 재야 역사가, 야마베 겐타로 씨에 관해

그 가운데서도 제가 크나큰 영향을 받고 학은을 입은 분은 야마베 겐타로(山辺健太郎) 씨입니다. 연구자뿐 아니라 누구나 경험하는 일이겠지만 사람은 제각기 그 성장 과정에서 큰 영향을 받게 되는 사람이 한두 명은 있지 않을까요. 저의 경우 그이가 바로 야마베 겐타로 씨였습니다.

야마베 씨는 대학에서 전문 교육을 받은 역사가는 아닙니다. 말 그대로 재야 역사가입니다. 소학교를 졸업한 후 마루젠(丸善) 오사카(大阪) 지점에서 견습 점원을 하다가 이어 젊어서부터 노동운동의 세계에 뛰어든 분입니다. 1905년에 태어나셨으니 저와는 부모 자식만큼이나 나이 차가 납니다. 1929년의 '4·16 사건(이 사건은 그 전해의 '3·15 사건'에 이어 당시 비합법적으로 활동하던 일본 공산당에 대한 탄압 사건이었습니다)'으로 체포, 투옥되어 형기를 마친 뒤 일단 출옥했으나, 1941년 다시 치안유지법 위반으로 체포, 구금되었습니다. 그러나 천황제에 굴복하는 일 없이 비전향(非転向)을 고수하여 패전 후인 1945년 10월 10일에 겨우 출옥하여 자유의 몸이 되었습니다.

그런 야마베 씨가 전후 일본의 조선사 연구에서 선구적인 노릇을 하게 됩니다. 이게 어찌 된 일일까요. 야마베 씨에게는 패전 이전에 자신의 반생에 대해 쓴 《사회주의운동 반생기(社會主義運動半世紀)》(岩波書店, 1976)라는 저서가 있습니다. 야마베 씨는 일찍부터 사회운동을 통해 제2차 세계대전 이전에 일본으로 건너온 조선인 노동자들과 교류가 있었습니다. 관동(關東)대지진을 겪으면서 다행히도 변을 당하지는 않고 그 뒤 나라현(奈良縣)에서 노동운동·농민운동 등에 참가했던 전호암(全虎岩), 전전(戰前)부터 전후까지 재일 조선인 노동운동의 지도적 위치에 있었던 김천해(金天海) 등입니다. 야마베 씨는 옥중에서 "김천해를 만났던 것 등이 후에 나의 조선사 연구의 원점이 되었다고 생각한다"고 회상했습니다.

야마베 씨는 천황제 군국주의 치하에서도 일본이 저질렀던 침략전쟁이나 식민지 지배를 지지하지 않은 얼마 안 되는 일본인 가운데 한 사람이었습니다. '비전향 사회주의자'라 하면 왠지 융통성이 없는 꼬장꼬장한 인물을 떠올릴지 모르나 그는 결코 그렇지 않았습니다. 러일전쟁 후 일본에서 대두한 이른바 '다이쇼(大正) 민

주주의'라는 풍조의 가장 좋은 면을 지녔던 인물이라 해도 될 것
입니다. 지극히 유연한 사상을 지녔으며 사회적인 권위나 명분과
는 전혀 인언이 없는 사람이었습니다. 전후에는 오랫동안 일본 국
회도서관 헌정(憲政)자료실에서 사료를 읽으며 연구했는데, 모르는
것이 있으면 상대의 사상적 입장 등에는 전혀 구애받지 않고 누구
에게나 배우려 했으며 교류를 돈독히 했습니다. 저와 야마베 씨의
교류가 시작된 것은 1950년대 끝 무렵이었습니다.

(2) 일본 근대사 연구에서 조선[한국]문제의 중요성

제가 야마베 씨에게서 배운 것은 두 가지입니다. 첫째는 일본
근대사 연구에서의 조선[한국]문제의 중요성이었습니다. 야마베
씨는 이렇게 말했습니다.

…… 학문 연구에서 연구의 자유가 얼마나 중요한 것인지를 잘 알
수 있을 것이다. 전쟁 전의 조선사에는 이 연구의 자유라는 것이 전
혀 없었다. 나는 야나이하라 다다오(矢內原忠雄)가 《제국주의하의 타
이완(帝国主義下の台湾)》이라는 책을 쓰면서 '제국주의하의 조선'이
라는 책은 쓰지 않았던 것을 이상하게 생각하는데, 이는 다음과 같은
이유에서일 것이다. 조선에는 타이완과 비교할 수도 없을 만큼 유력
한 민족해방운동이 있었기 때문에 이 민족해방운동을 자극하는, 조선
에 펼친 일본의 제국주의 정책을 비판하는 연구 발표는 용납되지 않
았다. …… 노로 에이타로(野呂栄太郎)의 《일본 자본주의 발달사(日本

資本主義發達史)》가 나온 시대는 '일본 자본주의의 발달에서 식민지 수탈이 어떠한 의미를 지니는가'와 같은 내용은 정치적 이유에서 쓸 수 없었지만, 앞으로는 이 문제를 논하지 않고서는 일본 자본주의 발달사도 쓸 수 없을 것이다. 이것이 앞으로 조선사 연구의 과제가 될 것이다.

《思想》, 1966년 9월호.

야마베 씨의 《조선사 연구》에도 재일 조선인 역사가였던 박경식(朴慶植) 씨 등이 비판했듯 '일본의 조선 침략사를 마치 '조선사'인 양' 받아들였다는 약점이 있습니다. 그러나 일본의 근대사·자본주의 발달사에서 조선문제 연구의 중요성을 일찍부터 제창하며 스스로 실천하고 전쟁 뒤 일본에서 선구적인 노릇을 수행했던 《일한 병합 소사(日韓併合小史)》(岩波書店), 《일본통치 아래 조선(日本統治下の朝鮮)》(岩波書店) 등의 저서를 펴냈다는 사학사적(史學史的) 의의는 지극히 큰 것이라고 생각합니다. 또한 야마베 씨를 통하여 알게 된 박경식 씨 역시 전후 일본에서 일찍부터 조선인 강제연행에 대한 연구를 시작하였고, 그와 같은 문제의식을 유지하며 한눈파는 일 없이 재야의 길을 걸어왔던 역사가였음을 여기서 부연해 두는 바입니다.

(3) 제1차 사료를 통해 역사를 서술하는 것

야마베 씨에게서 배운 점 가운데 두 번째는 움직일 수 없는 제

1차 사료를 통해 역사를 서술한다는 것입니다. 천황제 지배에 굴하지 않았던 야마베 씨는 천황제 지배 아래서 출판되었던 서적들을 무비판적으로 받아들이는 것이 아니라 아무리 유명한 인물이 쓴 것이라 할지라도 그 안에서 사용된 사료의 원본은 반드시 보아야 한다고 거듭 주장했습니다. 천황제 당시의 출판물은 정해진 허용 범위 안에서만 쓰인 것이었기 때문에 삭제되거나 왜곡되는 일이 다반사였습니다.

야마베 씨의 가르침으로 제가 제1차 사료를 직접 접하여 그 사료적 가치의 귀중함과 그것을 읽는 즐거움을 처음 알게 된 것은, 전후에 처음으로 기획된 《이와나미코우자 일본역사(岩波講座 日本歷史)》(1962~1964)에 〈청일전쟁〉을 집필하기 위해 사료를 수집하던 1960년대 초의 일이었습니다. 그 준비 과정에서 저는 국회도서관의 헌정자료실에서 〈무쓰 무네미쓰 관계 문서(陸奧宗光關係文書)〉를 만나게 되었습니다. 야마베 씨가 외무성의 '외교 문서실에 있어서는 안 될 것이 여기에는 많이 있으므로' 꼭 와 보라고 권해 주셨기 때문에, 처음으로 국회도서관의 헌정자료실에 갔던 것입니다. 그때까지 근대 일본의 정치가들이 남긴, 첨삭(添削)되지 않은 기록 등을 접할 기회가 거의 없었던 저는 처음 찾아간 헌정자료실을 보고 눈이 휘둥그레졌습니다. 청일전쟁 관련 사료를 찾고자 갔는데, 마침 정리가 끝나 막 공개되었던 〈무쓰 무네미쓰 관계 문서〉에 저는 말 그대로 몰입하게 되었습니다.

무쓰 무네미쓰 외상(外相)과 재외 공사들 사이에서 오고간 왕복

서간, 그 복사본 등, 가필·수정된 흔적마저 생생히 남아 있는 훈령과 조약 초안, 또는 무쓰 외상이 청일전쟁 뒤 심혈을 기울여 쓴 《건건록(蹇蹇錄)》의 초고 등등에 저는 특히 주목했습니다. 벌써 40년도 더 지난 일입니다만, 처음으로 이들 문서를 대했을 때의 흥분은 지금도 잊을 수 없습니다. 저의 연구생활에서 그야말로 획기적인 일이었습니다.

그 뒤 무쓰 무네미쓰에 대한 연구는 《건건록의 세계》(미스즈書房, 1992)라는 책으로 출간되었으며, 1994년 후쿠시마 현립(福島縣立)도서관의 사토(佐藤)문고 가운데서 참모 본부가 썼던 《일청전사(日淸戰史)》 초안에서 조선왕궁(경복궁) 점령에 대한 상세한 기록을 발견했던 일, 그 성과는 《역사의 위조를 바로잡다(歷史の僞造をただす)》(高文硏, 1997)라는 제목으로 출판했으며, 다행히도 박맹수(朴孟洙) 씨에 의해 《경복궁을 점령하라》(푸른역사, 2001)는 제목으로 한국어 번역판도 출판되었습니다. 이와 같은 저의 일련의 작업은 야마베 씨의 가르침과 헌정자료실에서 한 체험이 없이는 생각할 수 없었던 일들입니다.

3. 국회도서관 헌정자료실 그리고 〈무쓰 무네미쓰 관계 문서〉에 대하여

여기서 일본의 국회도서관 헌정자료실에 대하여 잠깐 말씀드리고자 합니다. 일본에서 공문서 공개는 지금도 여러가지 문제가 있으며 결코 만족할 만한 것이 못 되지만, 전후 특히 일본 근대사 연구에서 국회도서관 헌정자료실이 공헌한 바는 매우 크다고 할 수 있습니다. 그 성립과 연구상 의의에 대해서는 자료실 창설에 힘을 기울이신 오오쿠보 도시아키(大久保利謙) 씨가 쓴 《일본근대사학의 시작(日本近代史学事始め)》(岩波新書, 1996)에 여러 에피소드와 함께 상세히 소개되어 있습니다. 오오쿠보 씨는 헌정자료실에 대해 이렇게 말했습니다.

헌정자료실은 다시 말해 아카이브의 시초였습니다. 국비(國費)로 사료를 모아 널리 연구자들에게 공개하는 것이므로 소규모라 해도 엄연한 아카이브입니다. 그러므로 저는 헌정사료 뿐 아니라 바쿠후(幕府) 말 이후의 정치·경제·외교사료 가운데서 입수할 수 있는 것은 모두 모았습니다. 잘한 일이었다고 생각합니다. 전후 일본 근현대사 연구 붐이 일게 되는데, 역사 연구는 사료 없이는 아무것도 할 수 없습니다. 사료적 제약을 느끼게 될 무렵 헌정자료실이 완성되어 근현대사 연구의 거점과 같은 구실을 한 것입니다.

전후 일본의 근현대사와 정치학·정치사 연구자로서 헌정자료실에 신세를 지지 않은 사람은 없다고 해도 지나친 말이 아닙니다. 또한 외국 연구자들 가운데도 이곳을 이용한 사람이 적지 않습니다.

헌정자료실에 있는 〈무쓰 무네미쓰 관계문서〉는 무쓰 무네미쓰의 손자로 지난해 95세로 타계하신 무쓰 요노스케(陸奧陽之助) 씨가 제2차 세계대전의 전화(戰禍)로부터 지키고자, 도쿄에 있는 미쓰이(三井) 신탁은행 본점의 지하 트렁크룸에 맡겨 두었던 것입니다. 전후에 오오쿠보 씨가 헌정자료실 설립 취지를 설명하고 무쓰 집안의 사료를 주십사 간청했을 때 즉시 승낙하여 헌정자료실에서 처음으로 공개되기에 이르렀습니다.

청일전쟁이나 무쓰 무네미쓰에 관한 저의 연구를 돌아보면, 무쓰 요노스케 씨와 오오쿠보 씨 등의 사료 보존과 공개를 위한 노력에 크나큰 은혜를 입었다는 것은 새삼 말씀드릴 필요도 없겠습니다. 역시가는 선행 연구에 대한 정당한 경의를 잊어서는 안 될 뿐 아니라, 이와 같은 사료 보존과 공개를 위해 힘쓴 분들의 공적도 마음에 새기며 연구에 임해야 할 것이라고 늘 생각합니다. 저는 새삼 감사하는 마음과 함께 여러분께도 이를 전해 두고자 합니다.

마치며

시간도 다 돼가므로 최근 제가 생각하고 있는 점을 말씀드리며 마치고자 합니다. 아까도 말씀드렸듯이 패전 후의 일본에서는 메이지 이후에 일본이 일으켰던 전쟁이나 식민지 지배를 어떻게 볼 것이냐는 문제에서, 사실에 바탕을 둔 역사인식은 지극히 불충분했습니다. 따라서 '기억의 풍화(風化)'라는 일반적인 점이 아니라

역사적 사실에 대한 몰이해가 연구자나 작가 등을 비롯한 일본인
들의 역사인식을 지극히 위험한 것으로 만들어 왔던 것입니다.
이 점을 오늘 새삼 자각하지 않으면 인 된다고 저는 생각합니다.

한국 국민 여러분도 아시다시피 지난해(2002년) 가을 고이즈미
일본 수상이 북한을 방문한 이래, 이른바 '납치 문제'와 '핵 문제'
등을 놓고 일본에서 일어나고 있는 '북한 때리기'는 지나친 양상
을 보이고 있습니다. 이는 북한을 헐뜯는 데 그치지 않고 어느새
한국을 헐뜯는 데까지 이르러 조선 민족 전체에 대한 비난으로
가는 경향이 강해지고 있습니다. 사실을 보려 하지 않는 정치가
들의 '망언'도 그칠 줄을 모릅니다. '오늘의 정한론[今様征韓論]'
이라 해도 지나친 말이 아닐 지경입니다. 사실을 일부러 왜곡하
는 '역사 수정주의'의 움직임도 가속될 것입니다.

여기서 저는 존경하는 역사가 다니우치 유즈루(溪内謙) 씨의 말
을 다시 한 번 가슴에 새기고자 합니다.

모든 권력은 과거를 자기 정당화의 수단으로 이용하려 한다. 흔히
정당화에 불리한 과거를 억압하고 유리한 과거는 문맥에서 따로 떼어
내어 과장하며 역사를 허구로 바꾸는 일도 서슴지 않는다. 권력이 과
거를 재단(裁斷)하는 데 대해 역사가는 어떤 태도를 취해야 할 것인
가. 권력의 정당화에 봉사하는 것도 한 방법일지 모른다. 사실 지금까
지 역사가들은 스스로의 의지로 아니면 강제적으로 '사관(작가 주: 史
官, 역사를 편집하는 관리)' 노릇을 맡아 왔다. 그러나 학문으로서 역

사에 걸맞은 공헌은 정치적 정당화를 위해 왜곡된 진실을 복원하며 한걸음 더 나아가 권력의 역사적 정당성을 묻고 권력을 초월한 통찰을 미래에 제기함으로써 권력으로부터 자립한 역사감각과 비판정신이 사회에 뿌리내릴 수 있도록 돕는 일일 것이다.

〈소비에트사의 새 세대〉(나우카, 《窓》 100호, 1997년 3월).

여러분의 동의를 얻을 수 있다면 다행이겠습니다.

제 이야기는 이것으로 그칩니다. 지금까지 들어주셔서 감사합니다.

제3회 한·일 역사가 강연회

_일본 도쿄(2004)

역사가와 역사교육자 사이

사사키 류지(佐々木隆爾)

내적세계(內的世界)의 탐색을 위해

차하순(車河淳)

역사가와 역사교육자 사이

사사키 류지(佐々木隆爾)

도쿄도립대학(東京都立大學) 명예교수

1. 역사가의 '재생'을 찾아

제가 제 안에서 '역사가의 탄생'을 확신할 수 있었던 것은 지극히 최근의 일이었습니다. 오늘은 그 이야기를 말씀드리고자 합니다.

제목을 '역사가와 역사교육자 사이'라고 붙인 것은 지금의 직장 니혼(日本)대학 문리학부 사학과에 근무하면서 훌륭한 역사교육자가 되고자 노력하는 사이에 겨우 '역사가의 탄생'의 실마리가 보이게 되었다는 뜻입니다. 저는 최근 수년 동안 교수로서 쌓은 경험을 통하여 좋은 역사 교사이고자 한다면, 자신이 역사에 촉발(觸發)되는 기쁨을 느끼지 않으면 안 되며, 반대로 역사를 발견하는 기쁨을 잃는다면 학생에 대한 촉발능력을 잃고 교사로서 매력도 잃게 된다는 사실을 절감하게 되었습니다. 그렇기 때문에 어떻게든 역사가로서 자신감을 되찾고자 노력해 왔습니다. 오늘은 그 과정에 대해 말씀드리겠습니다.

정말로 부끄러운 이야기지만 1999년 3월에 도쿄도립대학을 정년퇴직했을 때는 상당히 심각한 자신(自信) 상실증에 걸려 있었습니다. 그 원인은 정년 전 몇 해 동안에 걸쳐 행정직에 종사하면서 스트레스를 많이 받았기 때문이 아닐까 싶습니다. 또 그동안 연구 활동에 충분히 힘을 쏟지 못했다는 것도 있었습니다. 그러나 지금 와서 돌이켜보면 그 근본 원인은 역사학에 대하여 스스로 자신감을 확립하지 못했던 점이 아닌가 생각됩니다. 결국 저는 역사학적으로 미숙아였으며 '역사가의 탄생'에 도달하지 못했던 것이라고 생각합니다.

도립대학을 정년퇴직한 뒤 다행히도 니혼대학 문리학부의 부름을 받아 교수가 되었습니다. 저는 이것을 계기로 일단 연구자의 위치에서 일단 벗어나 학생에게 좋은 교사가 되어 자신감을 회복하려고 마음먹었습니다. 연구자라고 자부하던 때 저는 학생에게 그 연구 성과를 가르친다는 습성에 젖어서, 학생의 지적 요구에 부응하는 일을 우선하려는 생각을 못했습니다. 니혼대학으로 가게 된 것은 이 습성을 바꿀 기회라는 생각이 들었습니다. 이를 계기로 학생들이 어떻게 생각하는지를 파악하고 학생들의 지적 요구가 어떤 것인지에 귀를 기울여 그에 걸맞은 교육을 해보려고 생각했던 것입니다.

2. 학생들과의 대화를 추구하며

니혼대학 문리학부에서 맡은 수업에서 중심이 된 것은 두 종류의 강의였습니다. 하나는 교양교육 과목인 '전쟁과 평화', 또 하나는 전공과목인 '일본 근현대사 특강'이었습니다.

'전쟁과 평화'는 '평화교육' 과목 그룹에 속한 것으로 제가 취임하기 전부터 개설되고 있었는데, 사학과에서 역사 분야의 수업을 제공하는 것 말고도 문학·영화 등에 대한 수업도 제공하는 등 독특한 과목이었습니다. 취임 당시에는 1년 동안 4학점을 듣는 과목이었지만, 2000년도의 개혁으로 한 학기 2학점(같은 내용을 1학기, 2학기 반복)으로 바뀌었으며 '전쟁과 평화'라는 주제명도 지금은 '역사와 사회I(전쟁론)'이 되었습니다. 저는 이 수업을 담당하게 되었으며 강의 제목을 '한국전쟁과 일본'이라고 붙였습니다.

'일본 근현대사 특강'도 처음에는 1년에 4학점 과목으로 개설되어 있었는데, 지금은 한 학기에 2학점짜리 과목이 되어 내용상으로는 1년짜리 과목이지만 형식상으로는 학기별로 완결이 됩니다. 이 특강에서는 제2차 세계대전 후의 일본사를 가르쳤습니다만 그 자세한 내용은 생략하도록 하겠습니다.

저는 두 강의 모두 학생들의 감성과 지적 요구를 파악할 기회, 그들과 대화를 갖는 기회로 만들려고 마음먹었습니다. 그래서 학생들에게 출석표의 뒷장에 질문·의문·의견 등을 기입해 달라고

요청했습니다. 그리고 다음번 강의를 시작할 때 주요 발언들을
소개하고 제 대답과 의견 등을 말하기로 했습니다.

학생들이 이 요청에 부응해 준 것은 다행이었다고 생각합니다.
대부분 출석자의 3분의 1 이상이 한 마디라도 써 주게 되었으며,
그 가운데는 매우 날카로운 의견을 내놓는 학생도 나왔습니다.
또 몇 학생은 매번 꼭 의견을 기입하고 저와 대화를 즐기게 되었
습니다. 이런 출석표 방식은 정리하는 데 시간이 많이 걸리지만,
그런 한편 출석표를 한 장씩 넘길 때마다 학생들의 살아있는 목
소리를 들을 수 있어 가슴 뛰는 시간이기도 합니다.

수년 동안 모은 이 출석표를 한꺼번에 읽으면 학생들의 지적
분위기가 변화하는 모습을 파악할 수 있으며, 무엇보다 학생들이
역사적 사실에 대한 관심을 잃지 않고 지적 대화에 참가하려는
의욕을 버리지 않고 있다는 것을 실감할 수 있습니다. 이는 저에
게 어떤 희망을 주었습니다. 게다가 수업이 재미있었다거나, 충실
한 수업이라고 느꼈다고 말해주는 학생을 대하면 다음번에는 더
좋은 수업을 준비해야겠다는 욕구가 솟아오릅니다. 때로는 분노
하게 만드는 폭언도 나오지만, '분쟁의 평화적 해결'이라는 원칙
을 준수하여 폭언으로 응수하지는 않도록 자제하고 있습니다.

3. 강의 '한국전쟁과 일본'의 시련

학생들에게서 가장 강한 자극을 받은 것은 '한국전쟁과 일본'

이라는 강의를 할 때였습니다. 이 강의에서 한국전쟁을 다룬 것은 이 전쟁을 잘 알고 이해하는 것이 일본과 한국·북한, 동아시아 전후사(戰後史)·현대사를 이해하는 열쇠가 될 것이라고 생각하기 때문이었습니다.

이 강의는 사실 12회로 끝나도록 구성했습니다. 한국전쟁은 이전부터 연구 테마로 삼아왔으므로 이 기회에 자신의 견해를 다시 돌아보는 한편, 현대의 학생들을 촉발할 수 있는 논점을 발굴할 수 있도록 신경을 썼습니다. 이 주제에 관한 연구의 도달점은 역사학연구회 편 《강좌세계사(講座世界史)》 9(東大出版會, 1996)에 집필한 〈조선전쟁과 대일(對日)강화·미일 안보조약〉에 요약되어 있습니다. 그러나 이 글을 집필한 뒤에 입수한 서적과 자료집도 일본어, 한국어, 영어, 중국어 등 상당히 수가 많았습니다. 서가를 둘러보아도 미국과 한국이 공개적으로 간행한 전쟁사 외에 정일권(丁一權) 《원폭이냐 휴전이냐》(일본어), 《미통합참모본부사(米統合參謀本部史)》 5권(영어), 《公刊歷史 : 조선전쟁에 있어서의 영국의 역할》 2권(영어), 《팽딕회자술(彭德懷自述)》(중국어), 《평전팽덕회(評伝彭德懷)》(중국어), 《중국인민지원군항미원조전사(中國人民志願軍抗美援朝戰史)》(중국어), 《경단련방위생산위원회십년사(經團連防衛生産委員會十年史)》(일본어) 등이 눈에 띕니다. 이 문헌들은 말하자면 사장(死藏)되어 있었던 것인데 반드시 활용하여 강의의 신선도를 높이는 데 써야겠다는 의욕도 솟았습니다.

그러나 실제로 강의를 시작해 보니 그것은 보통 힘든 작업이 아니라는 것을 깨달았습니다. 가장 큰 문제는 수강생들이 필요한 예비지식을 알고 있지 않다는 것이었습니다. 학생들은 일반적으로 전후사(제2차 세계대전 후의 역사)에 대한 지식이 희박합니다. 또한 전후의 한국이나 북한의 역사에 대해 관심은 있어도 지식이 체계적이지 못합니다. 또한 전후사 가운데서도 전쟁이나 분쟁 이야기가 나오면 일부 무기 마니아들을 제외하고는, 학생들은 전쟁을 역사적으로 생각하는 습관이 배어있지 않습니다. 그러나 그런 학생들의 상당수가 제 수업을 들으러 오는 것이므로 이러한 지식을 배우고 싶다는 의욕은 결코 약한 것이 아니라고 생각합니다.

저는 수업을 준비하면서 최소한 이 학생들을 실망시키고 싶지는 않았습니다. 그래서 몇 가지 노력 목표를 세웠습니다. 첫째는 예비지식이 없는 학생들도 알기 쉽게 준비하자는 것이었습니다. 고등학교 교과서에 나오는 상식적인 사실일지라도 최소한 필요한 부분은 가르치기로 했습니다. 둘째는 시각(視覺)자료를 활용하자는 것이었습니다. 구체적으로는 지도·통계·사진 등을 활용하여 학생들에게 현장감을 느끼게 하기로 한 것입니다. 이러한 의도를 가지고 위 문헌들을 다시 읽어보면 유익한 재료들이 실로 풍부하게 수록되어 있음을 깨닫게 됩니다. 예를 들면 《미통합참모본부사》에는 유엔군의 국가별 파병 수와 그 변화를 나타내는 일람표가 실려 있는데, 학생들은 여기에 큰 관심을 보였습니다. 그러면서 저도 OHP 필름을 만들거나 보여주는 데 익숙해졌습니다. 셋째는 학생들이 제기하는 어려운 질문에 정직하게 대처하고 얼버

무리지 않도록 노력하자는 것입니다. 저는 조사하면 대답해 줄 수 있는 문제에는 대답했지만 즉시 대답할 수 없는 문제는 앞으로 조사·연구하겠다고 약속하고 보류하기로 했습니다.

어쨌든 학생들의 질문이나 요청에 제대로 대답하려면 본격적으로 연구 활동을 재개할 수밖에 없다는 것을 절감했으며, 독자적인 연구 없이는 독특한 수업을 제공할 수 없다는 것 또한 수긍할 수밖에 없었습니다. 역사가로 가는 길은 이렇게 열린 것입니다.

제 강의 개요를 여기서 말씀드리지는 않겠습니다만 학생들과 대화를 나누는 가운데 스스로 독자적인 논점을 세울 수 있었던 부분을 간단히 소개하고자 합니다. 그것은 다음과 같습니다.

(1) 학생들은 핵전쟁 문제나 일본이 핵 공격기지로 이용되는 문제에는 매우 민감했으며 이를 역사적으로 추적하는 일에 큰 관심을 보였습니다. 따라서 저는 [태평양전쟁] 개전 직후에 미국 수뇌부에서 교환된 대화의 기록을 읽거나 미 국가안전보장회의(NSC)의 의사록을 바탕으로 군사 문제를 파고든 미국인 저자의 연구서를 다시 살펴보면서 몇 가지 사실을 알았습니다. 예를 들면, 트루먼 정권의 정상이 개전 직후부터 [오키나와] 가데나(嘉手納) 기지에서 원폭 공격을 실시할 가능성에 대해 언급했다는 사실을 이 시기의 의사록을 통해 알았습니다. 또한 해임 직전의 맥아더의 지휘 아래 원폭이 괌으로 옮겨졌는데(1951. 4. 9.), 원래는 이것을 가데나 기지로 옮겨 투하할 예정이었으나 중지되었다는 사실을

어느 연구서에서 배웠습니다. 이는 맥아더가 1951년 4월 11일에 해임된 것과도 관련이 있다고 생각됩니다. 이는 한국전쟁이 세계적인 전쟁으로 확대되기 직전까지 갔다는 것, 또 그때에는 일본(오키나와 가데나 기지)이 핵 공격기지로 이용될 뻔했다는 것을 시사하고 있습니다.

(2) 한국전쟁에 일본이 어떻게 관여했는지에 대해 학생들은 큰 관심을 보입니다. 일본이 유엔군 기지로 이리저리 이용되었을 뿐 아니라 소해대(掃海隊)를 파견하여 전쟁에 관여했다는 점은 많은 학생들이 아는 바입니다. 그러나 미군 측에서 경찰 예비대를 급속히 강화하여 이를 전쟁에 투입하자는 주장이 제기되었으나(1951년 1월 초), 이것이 중지되었다는 사실이나 그 중지 과정에서 일본 국내의 민중운동과 여론의 동향이 상당한 역할을 했다는 것 등은 모르는 학생이 많았으며, 저의 지적에는 큰 관심을 보였습니다.

(3) 1951년 9월에 조인된 샌프란시스코 강화조약이나 미·일 안보조약이 한국전쟁이 한창인 가운데 체결되었다는 사실은 많은 학생들이 알고 있지만, 이것이 주일 미군기지가 계속해서 한국전쟁을 위해 계속적으로 역할을 하도록 설계, 실시되었다는 사실은 그다지 느끼지 못하는 것 같았습니다. 특히 이때 오키나와의 행정권이 일본에 반환되지 않았던 점이나 일본 본토에 거대한 해상 연습장이 설치되었던 일 등은 많은 발언을 이끌어냈습니다.

(4) 한국전쟁으로 발생한 '특수(미군의 요청을 받아 제공된 물자와 노역)'에 관해서는 학생들이 사실로서 알고 있었으나, 그 구체

적 내용, 예를 들면 그 상황에서 일본의 무기산업, 자동차산업, 항공기산업이 부흥·발전했다는 것과 이들이 1948년 이후 배상완화 정책으로 퇴출을 면한 기업들에 의해 지탱되었던 경우가 많았다는 사실 등은 학생들의 흥미를 끌었습니다.

(5) 한국전쟁 개시 전에 북한과 중화인민공화국의 관계는 일본 제국주의의 유산을 이어받은 면이 있을 것이지만, 그것이 충분히 밝혀졌다고는 할 수 없습니다. 이 문제에 대하여 저는 학생들의 질문에 저의 추측을 말해줄 수밖에 없었습니다. (압록강변의) 수풍(水豊)발전소가 조선총독부의 통치 시절에 설계되었을 때 발전량의 절반을 조선에, 나머지 절반을 구'만주'에 공급했다고 알려져 있었습니다. 일제 아래서 만들어진 이와 같은 에너지 공급 방식은 과연 해방 뒤에 중단되었을까요? 한국전쟁 중에 미군이 수풍 댐을 파괴한 것과 중국 인민의용군이 대거 참전한 것은 이 문제와 관계가 없었을까요? 이 점에 관해서는 앞으로 역사 연구를 통해 규명하고자 합니다.

(6) 이 전쟁이 각 관계국들에게 얼마큼의 피해와 영향을 주었는가 하는 문제에도 큰 관심이 쏠렸습니다. 휴전 뒤 복구는 한국·북한은 말할 것도 없고 미국에 대해서나 사회주의 국가들에 대해서도 중요한 문제였습니다. 양 진영이 두 나라의 재건을 서둘렀으며 '원조 경쟁'을 펼친 것은 잘 알려진 사실입니다. 그러나 이 과정을 학생들에게 이해시키려면 먼저 전쟁 피해의 실상을 알려야 할 필요가 있습니다. 그것도 피해 상황을 전사자·부상자·민간

인 사상자 등 숫자로만 보여줄 것이 아니라 사회붕괴 문제나 관련자들에게 준 정신적 상처 등도 설명해야 합니다. 이것은 제 역량을 훨씬 뛰어넘은 문제입니다.

4. 학생들의 의견을 연구에 살려

학생들에게서 더욱 근본적인 문제가 제기되었습니다. 그 가운데서 저에게 강한 충격을 주었던 것은 대략 다음 세 가지로 요약할 수 있습니다.

첫째는 한국전쟁이 시작되기 전의 한국과 북한의 정치 지도자와 정치체제에 대하여 구체적으로 이해하고 싶다는 것이었습니다. 어떤 학생은 특히 이승만에게 관심을 갖고 그 사상과 정치지도 양식에 대하여 조사하기 시작했지만, 적당한 일본어 참고서를 찾을 수 없다고 호소했습니다. 일본의 지배에서 해방된 이후의 한반도를 실감 있게 이해하고 싶어 하는 학생은 확실히 늘어나고 있습니다. 그러나 그에 부응할 수 있는 참고문헌이 부족하다는 것은 부정할 수 없는 사실입니다. 특히 이승만의 일본어 평전에 과연 좋은 책이 있을까요?

두 번째는 현대 일본의 출발점이 복잡하게 얽혀 있어 매우 어렵다는 것입니다. 단적으로 말하면 1946년 공포된 '일본국 헌법'에 전쟁 포기와 군비 완전 포기가 규정되어 있는데, 그것이 시행된 2년 뒤에 일본 전국이 군사적으로 이용되거나 일본의 재군비

(再軍備)와 한국전쟁 참전이 계획되고 또한 군사 공업이 재건되었던 것을 이해할 수 없다는 것입니다. 이는 일본인 학생들 사이에서 이 시기의 일본사에 대하여 지식이나 인식이 불충분하여 공감이 형성되지 못했던 것을 나타내고 있다고 생각됩니다.

세 번째는 한국전쟁을 비롯한 제2차 세계대전 후의 국지전쟁이나 그 배후에 있었던 냉전체제를 극복하기 위한 새로운 시스템이 역사 속에서 자라나고 있느냐는 의문이었습니다. 참가자 가운데는 공상론을 선호하는 학생도 있지만 다른 한편 역사적 사실 속에서 지혜를 얻으려는 학생도 확실히 늘어나고 있습니다. 그들은 한국전쟁 후의 역사를 확실하게 파악하기를 바라고 있습니다.

이러한 발언에 따라 저도 역사가로 돌아가 연구 논문을 쓰고, 이러한 발언에 부응할 힘을 갖추고자 하는 욕구를 키우다 보니 어느 틈엔가 다시 연구로 돌아가게 되었습니다.

이와 같은 문제의식 아래 처음 쓴 것이 〈냉전체제하에서의 동아시아 정치 구조〉[나카무라 데쓰(中村哲)·동아시아 지역연구회 편, 《현대에서 본 동아시아 근현대사》, 《강좌 동아시아근현대사》 1, 靑木書店, 2001년 5월, 77~110쪽]였습니다. 이것은 위에서 말한 세 번째 문제를 논한 것입니다. 시론의 영역을 벗어나지 못하는 글입니다만 그 취지는 동아시아의 냉전적 대결을 지양하는 지도원리가 된 것이 소련 주도의 사회주의도 아니고, 미국 주도의 군사 대결도 아닌, 1955년에 선언된 '반둥정신'이며 이는 ASEAN(동남아시아국가연합)을 통해 구체화해 주변 국가들로 퍼져 나갔다는 것입니다. 이렇게 결론만 말씀드리면 황당무계하다고 생각하실 분도 많겠지만 저는 현재의 동아시아 사태가 확실히 이 방향으로 움직이는 것으로 관찰하고 있습니다.

또한 이 두 문제에 연관지어 쓴 것이 〈귀국(歸國)운동의 역사적 환경을 묻는다〉[오코노기 마사오(小此木政夫) 감수·동북아시아문제 연구소 편, 《재일 조선인은 어째서 귀국했는가》, 現代人文社, 2004년 2월, 114~160쪽]입니다. 이것은 한국전쟁으로 북한의 노동 인구가 급감한 결과 김일성 정권은 재일 조선인을 대거 귀국시켰다는 문제를 논한 것입니다. 한국전쟁의 영향이 지역을 초월하여 확산되고 북·일 관계에 큰 그림자를 드리웠다는 문제를 어느 정도 규명하는 데 성공했다고 생각합니다.

첫 번째 문제에 대해서는 현재 은밀히 어떤 계획을 세우고 있습니다. 그것은 일본 역사가의 손으로 이승만 평전을 쓰자는 것입니다. 사실은 2001년 11월, 제1회 일·한역사가회의에 참석했을 때 유영익 선생으로부터 《우남 이승만문서》(연세대학교 현대한국학연구소 편)가 간행 중에 있다는 말씀을 들었습니다. 예전부터 학생들에게서 위와 같은 요청을 받았던 저는 일본에서 이승만의 이미지가 지극히 희미한 것임을 절감해 왔습니다. 그래서 어쨌든 이 문서를 공부하고자 마음먹고 신주쿠의 서점(高麗書林)을 통해 《우남 이승만문서》의 기간본(旣刊本)을 사들였습니다. 유 선생의 간행사도 읽고 각 권을 펼쳐 보았는데, 이승만의 친필 문서(대부분은 구자체(旧字体) 한글)가 많아서 그를 해독하고 정리하는 데는 상당히 시간이 걸릴 것이라고 절감했습니다. 그러나 이 방대한 자료집은 3·1 운동 이후 이승만의 사상 편력을 극명하게 기록한 것으로서 그 박력은 놀랄 만한 것이어서 이를 읽고 이해하고 싶다는 강한 저의 욕구를 불러일으켰습니다. 현재의 직장에서 정년 퇴직하면 이 계획에 도전하려고 결심하고 있습니다.

5. '역사가'의 탄생

이와 같이 학생들과 대화를 나누는 가운데 제 안에서 큰 변화가 일어났습니다. ㄱ 첫째는 서적·자료에서 습득한 역사 지식이나, 동시대인으로서 자신의 체험 등이 매우 귀중하다는 사실을 다시금 인식하게 되었다는 것입니다. 또한 이 사실들을 체계 있게 엮어 역사의 큰 흐름으로 파악하고자 하는 욕구를 갖게 되었습니다. 이를 파악할 수 있다면 교실에서 한국전쟁을 가르칠 경우에도 이 전쟁이 그 후의 역사를 어떻게 바꾸었는지를 더 알기 쉽게 설명할 수가 있다고 생각하는 바입니다. 이는 제가 역사 교사에서 탈피하여 역사가로 나가기 위한 지표라고 생각됩니다.

역사가의 시각을 되찾고 보니 한국전쟁에도 세계사적 사건으로 검토해야 할 문제가 다수 남겨져 있음을 깨닫게 됩니다. 일본에서 본격적인 원수폭(原水爆) 금지운동이 일어난 것도 이 전쟁이 진행 중인 때였습니다. 휴전 2년 뒤에 인도의 네루 등이 '반둥정신'을 제기했는데, 이때 염두에 두었던 것은 역시 이 전쟁의 경험이었습니다. 한국전쟁이 '핵근절'이나 '평화공존'이라는 사상을 낳았다고 해도 지나친 말은 아닙니다.

《우남 이승만문서》 등 난해한 자료에 도진하리는 의욕이 솟아난 것도 저는 기쁘게 생각하고 있습니다. 그에 따라 제 손에 있는 각국어로 된 문헌이나 자료에 대한 애착도 되돌아왔으며 이들을 구사해 보려는 의욕도 회복되고 있습니다. 더 고차원적인 역사상(歷史像)을 구성하려는 의욕도 솟구쳐 옵니다.

이리하여 저는 역사가로서 탄생하게 될 실마리를 잡았다고 느끼는 바입니다.

내적세계(內的世界)의 탐색을 위해

차하순(車河淳)

서강대학교 명예교수

'역사가의 탄생'이라는 주제로 이야기하게 된 것은 영광입니다. 이 강연은 노변대화(爐邊對話)와 같은 개인적인 회고담이지만 그동안 두 나라의 대표적인 역사가들이 초청되었습니다. 제가 업적이 두드러진 그분들과 동열에 설 수 있는지 자문하지 않을 수 없습니다. 본래 저는 이런 종류의 이야기를 별로 좋아하지 않지만, 한국측 여러분들의 권유에 떠밀려 이 자리에 선 이상, 저의 사적인 삶의 일부를 공개하지 않을 수 없게 되었습니다. 주로 저는 왜 역사가의 길을 택하게 되었는가, 연구의 대상으로 삼은 분야는 무엇인가, 저의 역사관은 무엇인가 등을 중심으로 역사가로서 걸어온 제 삶의 과정을 가감 없이 이야기하려고 합니다.

무릇 모든 자서전적 이야기는 자기중심적인 것이 될 위험을 안고 있으며, 제 이야기 또한 그러한 위험에서 완전히 벗어나리라

고 기대하기 어려운 것은 사실입니다. 그러나 가능한 한 그 위험
을 피하는 노력을 하면서 이야기의 실마리를 우선 어린 시절에서
찾아볼까 합니다.

1. 르네상스 연구

소설을 난독하는 어릴 때부터의 버릇 때문에 저는 어느 정도
문학 취미에 젖어 있었습니다. 그러나 광복을 겪으면서는 자연과
학만이 한국을 살릴 수 있는 길이라고 믿고 물리학을 공부하려고
하였습니다. 당시는 제2차 세계대전이 끝난 직후여서 원자물리학
에 대한 관심이 매우 큰 시절이었고 그래서 저도 '3차 미적분'이
나 '곡선의 추적'과 같은 고등수학을 익히고 물리학과에 진학할
준비를 하고 있었습니다.

그런데 어느 날 갑작스럽게 생각을 바꾸게 되었습니다. 몇몇
급우의 집을 전전하면서 대학 입학시험을 준비하던 때였습니다.
젊은이들이 모이다 보니, 자연스레 공부보다도 이런 저런 잡담을
나누게 되었습니다. 어쩌다 화제는 '자연과학·기술에서 앞선 중
국이 어째서 과학문명을 이룩하지 못했는가?'에 미쳤습니다. 이야
기에 열중하던 저는 대담하게도 그 해답을 구해 볼 만용을 부렸
고 그 때문에 중국사[동양사]를 공부하기로 결심하게 되었습니
다. 돌이켜 보면 애당초 풀지 못할 엄청나게 큰 문제에 겁 없이
달려든 셈이었습니다. 저명한 과학사가 니담(Joseph Needham)의

평생과제를 알게 된 것은 유감스럽게도 훨씬 나중의 일이었습니다. 어쨌든 목적의식을 갖고 역사를 공부하려던 것만은 사실이었습니다.

사학과에 진학한 저는 또 다른 무모한 생각을 하게 되었습니다. 동양사를 이해하기 위해서는 세계사적 관점이 필요하다고 생각하고 먼저 서양사를 공부하기로 순서를 정했습니다. 학부에서는 서양사를 익히고 그다음 대학원에 들어가 동양사를 본격적으로 공부한다는 것이었습니다. 그러나 결국 이 '원대한(?)' 계획도 중도에 무산되고 말았습니다. 유럽 휴머니즘에 관해 쓴 학사학위 논문을 읽은 선배들의 적극적인 권유를 끝내 뿌리치지를 못하고, 결국 대학원에 진학해서는 서양사를 공부하게 되었기 때문입니다.

이리하여 저의 만용과 무모로 빚어진 계획에서 두 번 모두 실패하여, 저는 물리학을 공부하려는 애당초의 뜻을 바꾸게 되었고, 결과적으로 역사학 특히 서양사 분야에 들어서게 되었습니다.

서양사 공부에서도 저의 편력은 계속되었습니다. 처음에는 미술사 특히 르네상스 미술사를 전공하리라 마음먹고 미술사 책들을 섭렵하였습니다. 그러나 르네상스 미술사를 이해하기 위해서 사상사적 배경이 중요하다는 결론에 도달했고 결국 미술사 공부도 중단되고 말았습니다.

이렇게 입문하게 된 사상사에 대한 첫 번째 저의 시도는 르네상스 휴머니즘에 대한 고찰로 시작되었습니다. '공동생활수사단(共同生活修士団)'에 관해 쓴 대학 졸업논문은 이른바 북방(북유럽)

휴머니즘의 본질을 규명하려는 것이었고, 이어 석사학위 논문으로 쓴 〈에라스무스 연구〉(1958)는 그 연장선상에서 사회개혁 또는 종교개혁의 움직임을 관찰하는 것이었습니다.

그 후로 저는 17·18세기로 연구의 대상을 넓혀갔지만 다른 한편 르네상스에 대한 관심은 최근까지도 계속되었습니다. 어쨌든 르네상스는 제 역사 연구의 출발점이면서도 학문적 삶을 관통하는 지속적인 관심분야였습니다.

2. 사상사로의 입문

대학 졸업논문에서 르네상스를 집중·고찰하면서부터 그때 이미 저는 막연하나마 '사상의 역사'가 중요하다고 느꼈습니다. 그러나 사상사는 1960년대만 해도 거의 불모지였으므로 무엇을 공부하는 분야인지, 그 연구방법은 어떠해야 하는지에 관해서는 아직 의견이 분분한 실정이었습니다. 더구나 당시 한국 역사학계에서는 사상사 그 자체에 대해 관심을 나타내지 않고 있었습니다.

그런데 저의 사상사 연구의 전환점은 1965년에 왔습니다. 그해 가을 30대 중반의 저는 부교수 직을 휴직하고 늦깎이 학생의 신분이 되었습니다. 그 당시 사상사 연구를 위한 독립적인 학과가 있는 미국 대학은 동북부(보스턴)의 브랜다이스(Brandeis)대학교였으며 이 대학에는 관념사협동과정(History of Ideas Program)이 있었습니다.[1] 이는 역사학·철학·정치학·사회학의 네 분야에 걸친 협동과정으로서 마쿠제(Herbert Marcuse, 1898~1979)에 의해 창설되었습니다. 헤겔 좌파로서 프랑크푸르트학파에 속한 그는 나치 독일에서 미국으로 옮겨오기 전에 이미 《이성과 혁명》 등의 저술로 세계적 명성을 얻은 사상가였습니다. 1960년대 초에 이 책의 한국어 번역판이 나와 있었는데, 이는 당시 한국의 반공노선(反共路線)을 감안할 때 신기할 정도로 놀라운 사실이라 하겠습니다.

어쨌든 1960년대 말부터 저의 연구대상은 사상사 가운데서도 정치·사회 사상사로 좁혀졌고 저는 계몽사상이나 프랑스 혁명의 지적(知的) 배경에 관해 각별한 관심을 기울이게 되었습니다.

3. 형평의 연구

계몽사상이나 프랑스 혁명에 생각이 모아지면서 저는 평등 개념에 집중하였습니다. 자유 및 정의와 함께 평등이란 개인 사이에 사회적 행위교환이라는 사적 영역(私的領域)에 있어서나, 정부와 국민 사이에 권리·의무의 수행이라는 공적 영역(公的領域)에 있어서 중요한 정치철학의 원리입니다. 그런데 평등은 고전적 민주주의가 성립할 17세기뿐 아니라, 특히 19세기 산업혁명 이후의

---

1) 원래 '관념사(History of Ideas)'란 1930년대에 존스홉킨스(Johns Hopkins) 대학의 러브조이(Arthur O. Lovejoy)가 서클운동으로 시작하여 1960년대에는 자체의 학술지를 내놓은, 급속히 성장한 학문분야였다. 그것은 '장기적으로 반복되는 고정된 단위관념(unit-ideas)의 역사'였는데 단위관념을 가장 대표적으로 알려주는 것은 그의 《존재의 대연쇄(大連鎖)》(1936; 한국어판 1984)였다.

복잡해진 사회적 역학관계에서는 많은 의문들을 남겼습니다. 획일적인 과세 대신에 소득액에 따른 누진과세는 평등원리에 어긋나지 않는가? 능력이 뛰어난 개인이라도 근무 연수에 따라 자동적으로 급여가 정해지는 것은 평등원리에 맞는가? 고위관료는 퇴임한 후에도 왜 차별화한 예우를 받는가? 국가원수의 차량은 속도나 신호 등에 관한 교통법규를 지키지 않아도 되는가? 비슷한 의문은 꼬리를 물고 제기될 수 있습니다. 만인이 평등하다는데 왜 운전사는 주인을 위해 차동차 문을 열어 주어야 하는가? 지위나 연령에 상관없이 또는 상사·부하나 부모·자식 사이에서 쓰이는 '동무'라는 공산주의 국가의 평칭(平稱)은 '올바른' 평등원리를 충족하고 있는가? 이 밖에도 유사한 구체적인 의문들이 많이 있을 수 있겠습니다.

이러한 의문들은 우리가 궁극적으로 추구하는 평등이란 '형식적인 평준화'가 아니라 '올바른' 평등, '합당한' 평등이라는 점을 시사하고 있습니다. 문제의 핵심은 평등의 '공정성' 즉, 평등의 정의[정당성]에 있습니다. 볼테르(Voltaire)는 추기경의 요리사는 추기경과 동등할 수 없다고 말한 바 있는데, 이는 추기경과 요리사 사이에 '기능적' 불평등을 말한 것입니다. 조건 없는 만인의 평등이란 '현실적으로는' 있을 수 없으며, 모든 사람이 다 추기경이 되어서는 사회가 존속될 수 없다는 것입니다. 공정한 불평등이나 합당한 차별은 공평한 대등이나 타당한 동등만큼이나 '사회적으로' 중요하고 필수적임을 알 수 있습니다. 연령·성별·직능·

실적·공과(功過)와 상벌·필요·소득 등을 감안할 때, 비로소 단순한 자연적 평등에 따른 평준화가 아니라 '올바르고 공평한 평등' 또는 '합당하고 마땅한 평등'이 '사회적으로' 실현하는 것입니다. 이와 같이 인간의 자연적 평등이 손상되지 않으면서도 합당한 사회적 기준에 따라 설정된 적절한 불평등은 정당화할 수 있습니다. 그리하여 인간의 자연적인 평등과 더불어 정당하게 설정된 '사회적' 불평등 양자를 함께 정당화할 수 있는 근거를 형평에서 찾을 수 있다는 것이 저의 생각이었습니다.

형평개념은 17세기 유럽 자유·민주주의의 태동기에 이미 나타났으나 당시에는 '만인의 평등'이라는 강력한 구호에 가려져 있었습니다. 하지만 형평의 정치적 의미는 당시의 사상가들의 저작에서도 입증될 수 있었습니다. 그 후 저는 10여 년 동안 생각을 다듬은 끝에 《형평(衡平)의 연구》(1983)를 출판하였고, 이 책이 대한민국학술원상을 수상하여 커다란 격려를 받았습니다. 이는 종래까지 학계·언론계는 물론 관계에서 거의 생소했던 형평이나 형평성이란 말이 일상화하는 계기가 되었다고 자부하고 있습니다. 그럼에도 현재의 상황으로는 여전히 형평원리 또는 형평개념은 단지 발제(發題)의 단계에 머물러 있다고 생각합니다. 정치·사회 철학적 개념의 형평은 철학자들의 사고와 성찰이 요구되며, 더욱이 사회생활에 어떻게 구체적으로 적용되는가에 관해서는 정치학자를 비롯해 경제학자·사회학자·법률가들의 깊은 연구가 필요합니다. 저는 형평이 철학적으로 좀 더 깊이 규명되고 정치·사

회·경제의 분야에서 구체적으로는 상론되었으면 하고 기대하고
있습니다.

4. 역사이론

저의 또 다른 주요 관심 분야는 역사이론이나 역사학의 역사이
며 이는 사실상 저의 학문적 편력이 시작되는 때로 거슬러 올라
갑니다. 자신들의 시대를 '새로운 시대'로 명확하게 인식한 르네
상스 휴머니스트들에 의해 고대·중세·근대라는 3분법적 시대구분
의 논의가 시작된 것은 주지의 사실이지요. 한국에서는 1960년대
후반에 시대구분론이 활발한 논쟁을 불러 일으켰으며 1970년대
에 들어서도 논의의 열기는 식지 않았고, 1996년도 전국역사학대
회의 공동주제가 되던 최근까지 역사학계의 부단한 쟁점으로 남
아 있었습니다.

《역사의 이해》(1974)라는 작은 책을 엮은 것이 계기가 되어 저
는 본격적으로 역사철학이나 사학사(史學史)에 대해 고찰하고, 이
어 역사사실에 대한 객관적 접근과 주관이 개입하는 문제를 다루
게 되었습니다.

이는 '역사가 과학인가, 문학인가'라는 역사의 학문적 성격과도
관련이 있는 문제였습니다. 거의 같은 시기에 저는 사관(史觀)의
개념과 특성을 규명하게 되었는데 이는 당시 한국의 현실과도 관
계가 있었습니다. 그때는 이른바 운동권 학생들이 마르크스 사관

에 심취하고 있던 시기였으며 당연히 사회적으로도 '사관이 무엇인가'는 논쟁의 초점이 되었지요. 그래서 사관에 관한 문헌이 거의 없는 상황이었으므로 여러 차례 강연에 동원되기도 하였습니다. 어쨌든 역사이론과 사학사는 극히 최근까지 저의 주요 관심사 가운데 하나로 남아 있습니다.

5. 현대사에 대한 관심

저 자신의 동시대적 사회현실과 체험에 관련해서 각별한 관심을 끈 것이 현대사였습니다. 1970년대 이래로 박정희 정권과 유신체제에 저항하는 학생시위는 격렬해지고 최루탄이 난무하는 가운데 당국의 억압 또한 강도가 높아졌습니다. 군대가 교내에 주둔하면서 학생은 교내 출입이 금지되고 교수는 군이 발부하는 출입증을 가슴에 달고 드나들었지요. 저는 1980년 여름 그동안 꾸준히 체제비판을 해 왔을 뿐더러, 때마침 정권을 규탄하는 시국선언에 서명했기 때문에 체포되어 한때 고초를 겪기도 하였습니다.

이러한 사태는 저에게 대학의 학문적 기능과 사회적 역할을 성찰하게 하는 기회가 되었습니다. 당시 교수에게 사회운동에 동참하라는 학생들의 요구와 강단 수호를 고집하는 직업적 사명이라는 두 갈래의 길을 두고 고민하지 않을 수 없었습니다. 과연 지식인의 사회적 참여는 어떠한 형태로 이루어지는가, 이는 대학교수들 대부분의 공통된 고민이었지요. 지식인은 마땅히 사회악과 정치적 탄압을 고발하여 사회적 공감대를 형성하도록 노력해야 하였습니다. 이러한 신념에 따라 저는 신문의 칼럼과 잡지의 논평을 통해 나름대로 정치적 독재와 인권유린을 비판했습니다.

암울한 군사독재의 체험은 역사가의 사회적 위상과 기능을 반성하게 하는 계기가 되었습니다. 당시 역사학계는 랑케적 '사실주의(事實主義)'를 신봉하고 과거 지향적인 학문자세를 견지했으므로 현재 또는 현대사는 주요 관심이 아니었습니다. 그러나 저는 진정한 역사가라면 현실문제에서 결코 초연할 수 없으며 따라서 자신의 전공 분야와 상관없이 현대사를 이해해야 한다고 생각하였습니다. 그리하여 1980년 여름에 한국 최초로 《현대사》라는 전문지가 나오게 되었고 저는 편집진에 참여하였습니다. 이 잡지의 목적은 현대사회의 정치·경제·사회·문화 등 여러 역사적 문제들을 대중화하려는 데 있었습니다. 유감스럽게도 이 잡지 역시 당국의 탄압으로 창간호를 내놓고 즉시 종간되는 운명을 맞았습니다. 그러나 저의 현대사에의 관심은 그 후에도 수그러들지 않았습니다.

그러나 결국 현대사 관련 자료의 발굴 정리 및 연구를 체계화하기 위한 전문기관이 없다는 사실이 문제의 핵심이라는 생각을 하게 되었습니다. 다행히도 1996년 초, 현대사연구소를 창설해야 한다는 저의 제안이 받아들여져서 1년 후에는 현대사연구소가 발족하게 되었습니다. 그리하여 연구소를 중심으로 현대사의 논문 발표, 각종 자료의 편집·간행이 이루어지고 또한 국제 심포지엄도 개최되었습니다.

결론적으로 현대사는 현재의 삶을 공유하는 우리 모두의 동시대사(同時代史)이며 끊임없는 관찰을 요하는 '살아 있는 역사'라 할 수 있습니다. 저는 앞으로도 계속 현대사회에서 일어나는 일들을 주시하면서 현대사에 대한 관심을 지속할 생각을 갖고 있습니다.

6. 비교사의 방법

최근 10여 년 동안 저는 비교방법의 필요성을 느껴 왔으며, 비교사의 기원이나 비교사의 방법론에 관한 글들을 발표하기도 하였습니다. 그러나 비교사의 방법은 비교의 기준, 비교의 타당성 등 여러 가지 사학개론적인 성찰이 필요합니다. 따라서 문화비교에 대한 인식은 확산되어야 하며 앞으로 '다학문적(多學問的)'인 분야로서 많은 관심이 집중되어야 할 것으로 믿습니다.

이러한 비교사의 관점에서 현대세계의 여러 문화권 사이의 조화 또는 대립·충돌을 살펴 볼 필요가 있습니다. 민족문화와 보편문화, 지역문화와 세계화 사이에는 긴장과 마찰이 없을 수 없으나, 21세기를 향해 가는 시점에서 양자는 조화와 공존을 지향하게 될 것으로 전망됩니다. 한국의 1970년대는 민족주의적 열기가 대단한 때였는데, 당시 저는 민족주의적 주장의 편협성을 비판하고 '열린' 민족주의 문화는 보편성이 수반될 때 비로소 발전이 기대될 수 있다고 주장한 바 있습니다.

지금은 세계주의(Globalism)와 지역주의(Localism; Nationalism)가 교차하는 시대 ─ Glocalism ─ 입니다. 세계주의는 여러 지역적 문화에 대한 정확하고 체계적인 이해를 전제로 하는 것입니다. 세계화 시대인 21세기에 내셔널리즘은 역사 형성력으로 존속할 것인가, 아니면 역사의 뒤안길로 소멸될 것인가? 이는 아직도 합의가 도출되지 않은 문제입니다. 그러나 만일 내셔널리즘이 역사 형성에 지속적으로 작용한다면 그것은 자폐적인 '집단 히스테리'일 수는 없지요. 세계주의와 조화된 내셔널리즘 곧, 자유민주주의에 바탕을 둔 '개방된' 내셔널리즘이라는 변신이 필요합니다.

이 점에서 역사가의 역할도 강조될 필요가 있습니다. 역사가는 모든 종류의 '신화'에서 자유로워야 하며 이는 '사실존중' 정신에 따라서만 가능합니다. 여기서 홉즈봄(Eric Hobsbawm)의 말을 상기할 필요가 있습니다. 그는 1993년 부다페스트의 중앙유럽 대학교에서 〈역사에 대한 새로운 위협〉이라는 제목으로 강연하며 사실과 허구의 양자 간을 구별 짓는 것은 역사가의 절대적으로 기본적인 능력이라고 강조하였습니다. 그는 "우리는 사실을 발명할 수는 없으며 문제는 증거를 바탕으로 명확하게 대답될 수 있다"고 분명하게 말했지요. 우리는 '정치화된' 역사가 아닌 '사실'을 밝히는 역사를 목표로 해야 하며, '신뢰할 만한 증거'를 제시하는 지적 성실성이 중요합니다. 예컨대 파키스탄이라는 국가는 약 반세기 전에는 존재하지 않았는데도 파키스탄의 역사를 5천 년 전으로 소급하려는 이른바 '역사의 발명'을 둘러싼 정치적 음모가 있습니다. 진정한 역사가라면 결코 이러한 역사의 '발명'을 받아들이지 않을 것이며, 그러한 '발명'을 가능케 하는 어떠한 '정치적 음모'에도 가담하지 않을 것입니다.

끝으로 저는 두 가지를 강조하려고 합니다. 인류의 경험에는 시·공간을 초월한 공통성이 있다는 사실과 인간의 역사는 자유의 증대를 향한 전개과정이라는 점입니다. 우선 우리는 인간으로서 지닌 공통성을 공유하며 우리의 존재를 인류의 부분으로서 확인하게 됩니다. 이 점에서 역사가는 역사 연구를 하는 데 항상 인류의 공통 경험을 존중합니다. 따라서 역사가는 자신의 전공 분야가 무엇이든 항상 '세계사가(世界史家)'라는 점입니다.

다음으로 강조할 것은 인간의 자유입니다. 저는 특히 역사 연구를 통해 인간의 내면세계의 자율성을 확신하게 되었지요. 생각이나 느낌 또는 믿음과 같은 내면세계는 어떠한 형태의 강요로도 빼앗을 수 없는 것입니다. 군사정권의 압제로 말미암아 인권을 유린되는 시기를 겪은 저의 개인적 경험은 인간의 존엄성과 개인의 자유만큼 존중될 것이 없다는 믿음을 더욱더 확고하게 하였습니다. 저는 자유주의에 바탕을 둔 인간의 내면세계(사상)의 역사적 전개과정에 초점을 맞추어 역사를 고찰하려고 노력했습니다. 그동안의 여러 가지 지적 편력에도 저는 인간의 이러한 역사관을 견지했으며 앞으로도 이에는 변화가 없으리라는 것을 말씀드릴 수 있습니다.

제4회 한·일 역사가 강연회

_한국 서울(2005)

'해방 공간'의 한 사학도

이원순(李元淳)

내 나름의 역사학을 찾아서

니시카와 마사오(西川正雄)

'해방 공간'의 한 사학도

이원순(李元淳)

서울대학교 명예교수

우여곡절은 있었으나, 우리들 양국의 역사가들이 아무런 제약 없이 연 1회씩 두 나라를 오가며 '한·일역사가회의'라는 이름 아래, 역사학의 자유로운 학문적 모임을 가져온 지 이번으로 네 번째가 된다고 합니다. 모일 때마다 동일한 멤버가 모인 것은 아니었으나, 해마다 계속 참석하신 분들이 대부분이기에 나라가 다른 양국의 사학가들이지만 서로 인간적 교분과 학문적 이해가 쌓여 왔다고 봅니다.

저는 이 회의에 처음 세 차례는 참석하였으나, 그 후로 사정이 있어서 참석하지 못했습니다. 새삼 양국의 사학자 여러분에게 인사드리는 바입니다.

1. 담론(談論)의 문제의식

근자 수년 사이에 한국사학계는 '해방공간(解放空間)'에서 사학도(史學徒)로 역사학을 전공한 후, 대학 강단에서 후배 사학자를 훈도하는 한편, 남달리 역사 연구의 업적을 쌓으며 한국사학계를 리드해 온 이른바 '해방 후 1세대 사학자'들이 연이어 유명을 달리하거나, 건강이 여의치 못해 학문 활동을 접고 있습니다.

이 '해방 후 1세대 사학자'는 한말·일제시대에 사학을 전공하고, 일제 말기 민족성 말살정책 아래서 민족사학자로 활동하다가, 해방 후 개교한 우리의 대학교육계에 투신하여 '해방 공간 1세대 사학도'를 사학자로 길러내셨고, 그들 신진 사학자와 더불어 한국의 현대사학을 개척·영도하는 소명을 다하시고, 이미 모두 작고한 '원로사학자'에 뒤이어 한국 현대사학을 이끌어 오셨습니다.

'해방 공간'이라는 말은 1945년 8월 15일 한민족이 식민지 지배에서 벗어난 때로부터, 북위 38도선을 사이에 두고 남북에 진주한 미소 양국군의 군정(軍政)을 거쳐 (이념으로 분단된 형태이기는 하였으나) 1948년 남북에 우리 정부가 수립됨으로써 '자주적 주권국가 활동의 역사'를 회복하게 될 때까지, 3년간에 걸친 한반도의 역사적 상황을 뜻합니다. 바꾸어 말하면, 식민지로부터 주권국가로 가는 역사이며, 광복으로 가는 과도기의 한반도가 처한 역사적 상황을 포괄적으로 표현하는 시사용어로 일부에서 사용되고 있는 말입니다.

　해방 공간의 사학도는 바로 이 3년 사이에 한국 땅의 대학에서 역사학을 전공하고, 한국사회로 진출하게 된 역사학도를 뜻합니다. 그들 가운데 일부는 해방 전에 이미 외국에 있는 고등교육기관에서 역사학을 전공하다가, 8·15 해방을 맞아 본국으로 귀국하여 한반도의 우리 대학에서 계속 역사학을 전공하고 학업을 끝마친 사학도였습니다. 그러나 대부분은 일제 말기에 국내의 식민지 고등교육기관인 전문학교나 대학에서 다른 학문을 전공하다가, 해방 공산에서 역사학을 전공하기 위해 사학과에 편입학히고 역사를 전공하게 된 역사학도였습니다. 이들 가운데 상당수는 졸업 후 대학의 조교, 연구소의 연구원이나 해외 유학을 거쳐 한국의 역사학 전문직자로 활동하게 되었습니다. 그들은 그 후 대학 강단에 나서 후배 역사학도의 교육을 담당하는 한편, 자신의 스승인 원로사학자와 더불어 역사학 연찬에 힘쓰며 한국 현대사학의 발전을 수도하게 됩니다.

　'해방 공간의 사학도'는 해방으로부터 60년의 세월이 흐른 오늘날 모두가 80대의 나이에 접어들어 이미 상당수는 타계하거나 신병으로 병상에 누워 지내게 되어, 아직 그 나름대로 활동하고 있는 분은 드문 실정입니다.

　'한·일역사가회의'는 두 번째 해부터 학술 발표회에 앞서, 친교적 학문 행사로 양국 역사가 한 분씩, 두 분의 자유로운 학문적 담론을 들어 왔습니다. 그리고 담론 발표에 뒤이은 참가자들의 자유로운 의견 교환을 통해, 상호 간의 역사적 문제를 풀어가는 데 도움을 얻고자 노력해 왔습니다.

정치적으로 혼란했던 해방 공간에서 역사학을 전공하고, 그 후 계속하여 역사 연구에 진력하는 동시에 후배들을 양육하면서 한국 현대사학을 이끌어 오던 해방 후 한국 역사학의 '1세대 사학자'들. 이들이 살아 온 '역사적 삶'과 '학문적 거름'의 유산을 공유하고, 그들이 산 시대와 역사에 대한 이해와 인식을 공동의 광장에서 생각해 보는 기회를 갖자는 본회의 한국 측 기획에 따라, 제가 '해방 공간'이라는 특정한 역사적 상황에서 한계적 인간으로서 역사학을 전공하게 된 사람의 체험적 행적을 담론하는 '자료인사(資料人士)'로 동원되어 이 자리에 나서게 되었습니다.

주제를 일별하여 알 수 있듯이 해방 공간의 사학도 모두를 대변하는 것이 아니라, 그 범주에 속하는 한 평범한 사학도의 담론임을 먼저 전제하여야 할 것입니다. 사담으로 흐를 위험이 큰 주제이기에 이 점에 대한 양해를 바랍니다. 이 담론 자체는 한 개인에 관한 것이나, 그 개인의 경우로 한정하지 마시고 이 사례 보고를 렌즈로 삼아 렌즈 뒤의 세계 즉, '해방 공간에서 역사학을 전공하고' '해방 후 한국사학계의 1세대 사학자로 활동한 분'들의 삶과 학문을 촌탁(忖度)해 주시기 부탁드립니다.

2. 한국어·한국사 교육 말살이라는 황국신민화(皇國臣民 化) 교육의 충격

해방 공간의 사학도로 역사학을 공부한 우리 사학자들은 대체 적으로 1922년경부터 1928년 사이에 출생한 분들입니다. 그러므 로 모두가 식민지시대에 초·중등교육을 마치고, 대학이나 전문학 교에 다니다가 학업 도중에 8·15 해방을 맞게 되었고, 이어 국내 대학에서 사학 공부를 계속하여 대학을 졸업한 연령층입니다. 소 수의 경우 해빙 후 중학교를 졸업하고 대학에 진학하여 역사학 공부를 시작한 분도 있습니다.

이들 '해방 공간의 사학도'들은 소학생 시절인 1938년에 식민 지 조선의 모든 학교에서 조선어와 조선 역사를 교육받는 것이 금지되고, 일본어와 일본사를 '국어(國語)', '국사(國史)'라는 교과 목으로 공부하여야 하는 충격을 어린 몸으로 겪어야 했음을 기억 할 것입니다(1926년생인 내가 소학교 4학년 때의 일이었다). 비록 어린 소학생의 몸이었지만 조선 학생이 어찌하여 자기 민족의 역 사가 아닌 일본의 역사를 '국사'라는 교과로, 우리 민족의 말과 글이 아닌 일본어와 일본의 글을 '국어'라는 이름으로 학습하여 야 하나, 나름대로 생각해 보지 않을 수 없었습니다. 학교교육에 서 우리말·우리글 교육을 추방하고 우리 역사 교육을 폐절할 뿐 만 아니라 온 겨레에게 '일어상용(日語常用)'을 강제화하는 한편,

서점에나 돌던 역사서와 심지어 시골의 시장에서 농촌 서민층을 상대로 팔고 있던 얄팍한 한글 이야기책마저 수색 압수하여 불태워버리는 조치를 취하기도 했습니다.

아직 어린 소학생 시절에 벌어졌던 일이나, 나라를 잃고 이민족의 지배를 받게 되니 말도 글도 자기의 것을 자유로이 사용할 수 없고, 자기 역사를 알지 못하는 백성으로 전락하여야 하는 역사적 슬픔을 나름대로 생각해 보지 않을 수 없는 충격적인 일이었습니다. 이 충격은 우리들의 가슴 속에 잠재하게 되는 마음의 아픔이요, 겨레의 아픔으로 전화되어 오래도록 간직되었습니다. 일본제국은 1937년 중일전쟁을 도발한 뒤, 식민지 조선의 물적·인적 자원을 전쟁 수행에 투입하기 위한 전제 작업으로, 민족성을 말살하여 식민지인을 '충량한 황국신민'으로 바꾸어 놓으려는 '황국신민화정책'을 강행하게 됩니다. 이 정책 수행을 위해 취해진 조선어·조선사 교육의 폐지와 뒤이어 '황국신민서사(皇國臣民誓詞)의 제창', '신사참배의 의무화', '창씨개명(創氏改名)의 강요'와 '일어상용운동' 등 일련의 조치는 식민지인의 정서를 무시한 대책이고, 유구한 역사와 민족적 삶의 포기를 강요하는 것이기에, 우리들에게는 분통이 터지는 충격이었던 것입니다.

일본 본토의 일본인 학생들은 하지 않는 "우리들은 대일본제국의 신민이다"로 시작되는 3개 항의 충성맹서를 아침 조회 때마다 제창할 때, 일본 전통의 토속신(土俗神)을 단체로 참배하는 신사참배 때, 생소한 일본식 이름으로 호명당할 때마다 느껴야 했던 위화감은 좀처럼 사라지지 않았고, 회한의 정은 마음속 깊이 응어리져 오래도록 소화되지 않은 민족의 체증으로 남아 있습니다.

3. 소·중·대학생, 사회인도 한글과 한국사를 같이 공부하던 충격

1945년 8월 15일 마침내 한반도는 일제의 무력강점 치하에서 해방되었습니다. "해방 독립 만세"를 소리 높여 외치며 거리를 누비던 국민도 차차 냉정을 찾고 민족의 장래를 진지하게 생각하게 되었습니다.

1938년에 취해졌던 조선어·조선역사 교육 금절 조치로, 해방되는 날까지 우리글과 우리 역사를 학교에서 배우지 못했기에 대학생, 중학생, 소학생 할 것 없이 학생층 모두가 기초에서부터 한글과 한국사를 배우기 위해 나섰습니다. 한편 서민 대중도 새로 배우거나, 다시 배우고자 자진하여 나서게 되었습니다. 학교교육에서 우리글과 우리 역사를 전혀 배우지 못한 학생층은 조선어, 역사 교육이 금지되던 해인 1938년 당시의 소학교 4학년생에서부터, 1945년 해방 당시 각급 학교에 재학하던 학생들이었습니다. 뿐만 아니라 1938년 이전에 소학교에 입학하여 우리글, 우리 역사를 공부했다 해도 다시 공부하여야 할 형편이었습니다. 한편 어른들도 일본어 상용의 강제로 한글을 사용하지 못하고, 우리 역사를 공공연하게 이야기할 수 없는 생활이 오랫동안 계속되어 우리글과 우리 역사를 거의 잊어버렸기 때문에, 다시 학습할 필요가 있는 사회인들도 많았습니다. 여성들은 당시 학교교육의 혜택을 받기 어려웠으나 민족 해방을 기해서 우리글을 익히고자 나섰습니다. 이런 딱한 상황이었으나 한글과 역사 교양은 해방된 우리 사회에 살기 위해서나, 국가 발전에 기여하기 위해서 하루빨리 익혀야 할 국민적 필수교양이었던 것입니다. 해방과 더불어 소학생, 중학생과 심지어 대학생까지, 또한 국민 각층의 사회인까지 많은 사람들이 우리글과 우리 역사를 배우고자 학교와 전국 도처에 급작스럽게 마련된 교습소 강습회와 야학 등으로 몰려들었습니다.

소학생·중학생·대학생과 시민·농민·노동자와 부녀자들이 같은 교육의 장에서 자민족의 글과 자기 나라의 역사를 배우는 데 연령과 지위·직업의 가림 없이 일시에 모여들어 열심히 배우는 진풍경을 바라보는 마음은 희비(喜悲)가 교차되는 일이었고, 결코 편안하게만 생각할 수 없는 충격적인 상황이었습니다. 모두가 잃었던 우리의 글을 되찾아 앞날의 새 민족의 삶을 위해 떨쳐나선 모습에 감격하며 장래를 기대할 일이라고 생각하면서도, 이러한 통한의 풍경을 낳게 만든 조상들의 '회한(悔恨)의 역사'를 생각하게 하는 쇼크를 받지 않을 수 없었습니다.

4. 해방 공간의 정국 혼란과 경제 파국의 충격

1945년 8월 15일 낮 12시. 온 겨레가 꿈에도 그리던 해방이 현실로 닥쳤습니다.

그러나 해방이 곧 자주적 민족국가의 수립으로 이어진 것은 아니었습니다. 나라 안팎에서 민족의 독립투쟁이 격렬하게 전개되었던 것은 사실이나, 독자적으로 싸워 해방을 전취(戰取)한 것이 아니라 연합국의 승리가 계기되어 맞게 된 해방이었기에, 해방 직후 우리 겨레가 조속히 수행하여야 할 역사적 과업인 자주독립국가의 수립과 민족경제의 건설 등에서, 전승 세력인 연합국 측의 세계전략의 영향을 받지 않을 수 없었습니다. 북위 38도선을 경계로 한 한반도 남북에서는 미·소 양국군의 군정이 실시되고, 한반도가 미·소 양대국이 주도하는 세계적 이념 싸움인 냉전의 가장 예민한 초점지역이 되면서, 국내 정국에 그 영향이 직접적으로 미쳐 좌우 세력의 정치적 확집(確執)이 날로 심화되지 않을 수 없었습니다. 물론 통일 민족국가 건설을 위한 가지가지의 정치적 노력이 없었던 것은 아니나, 세계 냉전의 큰 틀 속에 휘말려 온 겨레의 간절한 희망과 달리 해방 정국은 혼미에 빠져들기만 했습니다.

해방을 맞은 한민족이 조속히 수행하여야 하는 민족경제의 발전 과업도 기대와 달리, 오히려 급속하게 악화되고 있었습니다.

경제건설에서 근본적인 걸림돌은 식민지 경제체제의 유제(遺制)였습니다. 제국주의시대의 일본은 일본제국을 하나의 경제단위로 편제하면서, 식민지는 그 체제 안의 한 부위적인 구실만 담당하도록 하였습니다. 해방으로 이런 예속경제체제에서 분립하게 된 것은 사실이나, 부위적(部位的) 경제성을 청산하고 단시일에 하나의 독립된 경제단위로 자립할 수는 없었습니다. 식민경제체제의 유제에서는 해방되었다고 하나, 이러한 경제적 특성은 민족경제가 조속하게 자립하고 발전하는 데에 큰 걸림돌이 되었습니다. 파행을 면하기 어려운 체제적 문제를 안고 있으면서, 38선으로 국토가 분단되었으니 경제적 조건은 최악의 상태에서 출발하여야 하는 문제도 안게 되었습니다. 해방으로 민족경제는 일시적 후퇴를 강요당하는 실정이었습니다. 물가는 해방 후 1년 만에 22배 이상 폭등하고, 노동자는 반 이하로 감소했으며, 실업자는 백여 만으로 늘어났습니다. 해외에서 해방된 조국으로 귀국하는 귀환동포도 적지 않아 경제에 영향을 주고 있었습니다.

　정치적 발전과 경제적 강화가 해방 조국의 사회 안정과 문화 창달의 기반이 되는 것인데, 이처럼 정국이 혼란하고 경제가 악화 일로이니, 해방 공간의 한 학도로서 앞으로 민족사 발전을 위해 무슨 일을 할 것인가 고민하지 않을 수 없었습니다.

5. 해방 공간에서 사학도의 행로

시골 소학교를 졸업하고 평양에 있는, 개교 2년째를 맞는 5년제 중학교로 진학했습니다. 이 중학교의 신설 경위와 교육체제가 남달랐기에, 뒷날 저에게는 역사를 생각하고 사학을 전공하게 되는 배경이 된 중학교였습니다. 평양은 원래 민족의식이 강한 도시였습니다. 이 중학교는 신사참배를 반대하다 총독부에 의해 폐교 조치된 한 사립중학교의 갈 곳 없는 학생을 수용하는 한편, 조선인 학생과 일본인 학생을 대상으로 신입생을 선발하여 같은 반에 수용한 이른바 '내선공학(內鮮共學)' 체제로 신설된 공립중학교였습니다. 학교의 창립과정도 특이하거니와 폐교된 학교의 재학생이었던 상급반 학생, 새로 입학한 일본인 그리고 조선인 학생 등 세 부류의 학생이 수용된 내선공학의 중학교였기에, 군사훈련소와 같은 엄격한 스파르타식 교육을 강도 높이 실시하였습니다. 평양이라는 도시에서 이색적인 중학교의 분위기에 휩싸여 5년 동안 공부하면서, 나름대로 민족·정치·인간·가치 등의 문제를 생각하며 살지 않을 수 없었습니다. 같이 공부하던 일본인 학우를 통해, 일본인 가운데도 착하고 마음씨 고운 사람이 있다는 사실도 알게 되었습니다.

그 무서운 시대에 살면서도, 중학교 방학으로 환향하였을 때 시골 소학교의 교사로 근무하시던 가친이 어느 날 저를 불러 마주 앉게 한 뒤, "이제부터 내가 하는 말은 듣기만 하고 다른 사람에게 말하거나, 적어 놓지도 말고, 남에게 전하지도 말라"고 엄하게 다짐한 다음, 학교에서 배우지 못하던 우리 역사의 대강과 우리 문화에 관해 시간을 두고 몇 차례 이야기를 해 주셨습니다. 처음 듣는 우리 역사 이야기라 모두를 이해하고 기억할 수는 없었으나, 가슴 두드리는 놀라움으로 이 귀한 기회를 통해 저는 우리 역사와 처음으로 접할 수 있었습니다. 부친의 말씀대로 듣고 잊어야 했던 무서운 그 시절이었으나, 저에게 그런 기회를 주신 가친의 배려를 두고두고 지금도 회상해 봅니다.

전쟁은 이미 패색이 완연해지고 있었으나, 최후의 결전을 고집하는 군부세력의 횡포가 절정에 달하던 시기인 1944년에 5년제 중학을 졸업하게 되었습니다. 그러나 졸업한 뒤의 앞날은 매우 암담했습니다. 1944년 식민지 조선에 징병제를 실시하여 조선 청년들에게 군역을 의무화하여 전선으로 내모는 강제 조치를 취했습니다. 우리들 조선인과는 무관한, 불의(不義)한 전쟁에 휘말려 명분 없이 희생될 수 없다는 것이 저의 생각이었기에, 우선 졸업할 때까지 당시 징집이 유예되는 오직 하나의 예외적 전문학교였던 경성사범학교의 본과(本科)에 무작정 지원했습니다. 일제는 1941년 전시에 응해 전문학교 수학기간을 1년 단축하고, 인문계 전문학교를 실업계로 강제 개편하면서도 교사를 양성하는 사범학교는 심상과 5년, 연습과 2년의 학제를 예과 5년, 본과 3년의 전문학교로 승격시키는 한편, 전문학교 과정인 본과생(本科生)은 졸업할 때까지 징집을 유예하는 이례적 조치를 취했습니다. 일본군 입대를 피하고자 사각모를 쓴 대학과 전문학교 재학생, 백선 두 줄의 교모를 쓴 대학 예과(豫科)와 구제(舊制) 고등학교 학생들까지 몰려든 학생들로 가득한 입시 현장에서 무척 놀랐으나, 다행히 입학하게 되어 8·15 해방의 날까지 군 입대를 유예 받으면서 학업을 계속할 수 있었습니다.

해방의 감격을 만끽하고 난 후, 해방 조국을 위해 제가 할 수 있는 일은 전공할 학문을 정하고, 해방 조국의 새 역사 역군으로 나서는 일이었습니다. 저는 과거에 집착하는 '한(恨)의 사학(史學)'을 하고자 하는 것이 아니라, 미래 지향적 '생(生)의 사학'에 뜻을 품고 역사학 전공의 길에 나섰고, 겨레의 미래를 위해 역사 교사를 양성하는 사범대학 역사과로 진학했습니다.

'해방 공간의 사학도'라 하여도 역사학과 더불어 일생을 살고자 역사학을 전공으로 택하고 나선 동기가 같을 수는 없을 것입니다. 생육 조건이 다르고, 시국을 보는 시각이 다를 수 있으며, 학문에 대한 의식과 열정 또한 같을 수는 없을 것입니다.

다만 분명한 것은 '해방 공간의 사학도'들은 이민족의 식민지 압제가 가장 심한 시기에 소학교와 중학교에서 식민지 교육을 이수하여야 했고, 해방 전후에 중학교를 마치고 전문대학에서 고등교육을 받은 세대였고, 격동과 혼미의 해방 공간에서 역사학을 전공하게 되었다는 점이었습니다. 이들은 고난의 역사적 체험을 공유하면서 해방 조국의 장래의 발전에 기여하고자 역사학을 전공으로 선택한 학문세대였습니다. 해방되었음에도 민족국가를 건설하지 못한 채, 정국이 어수선하고, 민족경제는 구조적 모순으로 퇴보하는 어려움을 겪고 있는 현실에서 민족의 장래를 걱정하여야 하는 청년세대이기도 했습니다. 새 역사 창조의 진통을 겪고 있던 해방 공간에서 역사학 전공을 스스로의 결단으로 택하고 역사 전공을 자원하고, 생애 동안 역사 연구에 나서게 된 심정은 어떠한 것이었을까. 이 자리에서 그들의 심정을 총괄적으로 보고 드리지 못하고, 개인 사례를 장황하게 담론한 점 미안하게 생각합니다.

끝으로 이미 작고하신 해방 공간의 사학도의 영복을 기원하며 저의 사설과 같은 담론을 끝맺는 바입니다.

내 나름의 역사학을 찾아서

니시카와 마사오(西川正雄)

전 센슈대학(専修大學) 교수

1

이원순 선생님과 비교할 것도 없이 제 일생은 지극히 평범하기 짝이 없는 것입니다. '역사가의 탄생'이라니 송구스러울 따름입니다. 아무런 도움도 못 될 것 같습니다만, 강연을 맡았으니 감히 몇 마디 말씀드리고자 합니다.

태어난 곳은 도쿄, 1933년 7월이며 같은 해 12월에는 일본의 현(現) 천황이 탄생했습니다. 아버지는 중학교 영어 교사였으며 나중에 도쿄상과대학(지금의 히토쓰바시(一橋)대학)과 도쿄대학에서 미국 문학을 가르치셨습니다. 이를 알면, 사람들은 집이 꽤나 고상한 신식 분위기였을 것이라고 생각하는 것 같습니다만, 사실은 어머니가 일찍부터 서양식 옷을 입었던 것을 제외하면 스프보다 된장국이 어울리는 분위기였습니다. 그러나 제2차 세계대전

중에는 미국 문학이 '적성(敵性)문학'으로 비판을 받았기 때문에
아버지가 당시 일본의 지배체제를 못마땅하게 생각했을 것은 틀
림없습니다.

제 자신의 첫 '기억'은 1937년 '남경함락'을 기뻐하는 깃발 행
진이었습니다. 소학교(당시 국민학교라고 개명되었습니다) 시절에
는 지극히 평범한 어린이였는데, 교실에서 '황국사관'에 입각한
역사를 배우며 나름대로 '군국 소년'이라고 자부했습니다. 군대에
지원하기에는 1년 어렸습니다만.

집 근처에 나카지마(中島) 비행기제작소가 있어서 1942년에는
그라먼 전투기의 공습을 받았습니다. 방공호에서 올려다보니 눈
에 들어오는 것은 전주(電柱)와 나무들이 아니라 푸른 하늘과 그
라먼 기(機)뿐이었습니다. 그리고 폭탄이 공기를 가르며 떨어졌습
니다. 폭탄이래야 겨우 25킬로그램짜리였는데, 그 소리에 몸이 움
츠러들었습니다. 1945년 3월이 되자 날마다 밤이면 B－29의 공
습이 있었으며 조광탄(照光彈)이 불꽃놀이처럼 밤하늘을 밝히고
소이탄(燒夷彈)이 빗발쳐 도쿄 시타마치(下町)에서는 12만 명의 사
상자가 났습니다. 상황을 보러갔더니 도쿄는 서쪽 끝에서 동쪽
끝까지 눈 닿는 곳이 모두 평지가 되어 있었습니다. 이윽고 8월,
히로시마와 나가사키에 원자폭탄이 투하되었습니다.

2

1945년 8월, 일본이 항복하고 맥아더 장군이 제2의 페리 제독

이 되었습니다. 우왕좌왕하는 사람들로 가득찬 전차 안에서 한 중년 여인이 "우리는 도죠(東條)한테 속았다"고 외치는 것을 들은 기억이 납니다. 그러나 구(舊)지배층에 대한 책임 추궁도, 바쿠후(幕府) 말기 때 같은 배외주의(排外主義)도 일어나지 않았습니다. 이제 와서 생각하면 신기한 일이지만 당시에는 다들 굶주림을 견디는 것이 고작이었던 게지요. 소학교 수업이 계속되기는 했지만 9월에는 그때까지 사용하던 교과서에서 군국주의적인 문장을 모두 먹물로 칠해 지우라는 지시를 받았습니다. 어제까지 군국주의를 외치던 선생님들 가운데 공산당 지지로 돌아서는 사람들이 나오는 실정이었습니다. 그분들이 하룻밤 사이에 가치관을 바꾼 것을 그 후의 인생관과 연결 지어 생각하기에는 저는 너무나도 어렸습니다.

이전에도 이후에도 똑같이 중학교 진학에는 입학시험이 있었고 저는 수험 공부도 꽤 했습니다. 그것은 아마 양친의 영향이었던 게지요. '천황 폐하를 위해서'라며 군인이 설치던 사회가 붕괴된 것은 환영할 만한 일이라고 생각했습니다. 민주주의를 추구하는 지식인들의 발언과 사회운동이 활발해지면서 희망이 퍼져 나갔다고 할 수 있습니다. 고등학교에 진학한 뒤에는 역사부(歷史部)라는 서클을 만들어서 1951년에 학교 축제 때 '평화를 추구하며'라는 전시회를 열고 기관지에 같은 제목으로 특집을 짰습니다. 한편 전후 민주화운동이 확산되면서 해방감이 있었지만 동시에 전쟁이 다시 일어나는 게 아니냐는 위기의식도 있었습니다. 그때는

남의 일인 줄로만 알았는데, 지금 생각하니 바로 한국전쟁 시기
였습니다.

1952년, 도쿄대학에 입학했습니다. 이때는 도쿄에서 '메이데이
사건'이 일어나는 등 '정치의 계절'이었지요. 남들처럼 학생운동
에 참가했지만 데모대 꼬리에 붙어 다니는 정도였습니다. 원래
이공계로 갈 생각은 없었지만 아버지와 같은 분야만은 피해야겠
다고 생각했습니다. 2년 뒤에 문학부 서양사학과에 진학해 독일
현대사를 전공하기로 했습니다. 그것은 고등학생 때 선생님에게
진로상담을 받았을 때, 엥겔스의《독일 농민전쟁》을 읽고 그 경
제적인 부분과 역사적인 부분 가운데 어느 쪽에 흥미가 있는지를
봐서 정하라고 하시기에 경제학부가 아니라 문학부를 선택한 것
입니다. 독일사를 고른 것은 파시즘과 사회주의에 관심이 있었기
때문이었습니다.

그 무렵 서양사 분야에서는 그리스·로마사와 중세사가 가장 학
문다운 분위기를 대표하였으며 근세·근대사에서는 이른바 '오오
쓰카 사학(大塚史学)'이 전성기를 자랑하고 있었습니다. 서양경제
사 연구 분야에서 오오쓰카 히사오(大塚久雄) 선생님을 대표로 하
는 학파입니다. 이 학파는 일본에 '전근대적인' 요소가 아직도 강
하게 남아 있는 이유가 무엇이냐라는 의문에 대하여, 영국에서처
럼 농촌 자영농민들에 의한 '아래에서부터의' 운동을 통해 자본
주의화한 것이 아니기 때문이라는 대답을 도출해냈습니다. 전후
일본에서 민주화를 추구하는 에토스에 딱 맞는 학설로서 많은 준

재(俊才)들을 매료시켰습니다. 그에 견주어 현대사 연구는 신문 기사를 잘라 붙여 놓은 수준을 벗어나지 못했다고 여겨 아카데미즘의 울타리 밖에 놓여 있었습니다. 그런 분위기에서 돋보였던 존재가 에구치 보쿠로(江口朴郎) 선생님이었는데, 직접 저의 지도교수는 아니었지만 실로 많은 것을 배웠습니다. 범재들은 무리지어 다닌다고 하듯이 현대사에 관심이 있는 학생들끼리 모여 지혜를 짜 가며 졸업논문을 썼습니다. 그 모임이 지금은 회원 수가 2백 명이 넘는 '현대사연구회'가 되어 월례회는 430회 이상, 회보도 50호에 달할 정도로 성장했습니다.[1]

제가 졸업논문 주제로 삼았던 것은 1922년에 패전국 독일과 혁명 러시아가 체결한 '라팔로 조약'이었습니다. 대학원에 진학해서 쓴 석사논문 주제는 독일의 혁명가 로자 룩셈부르크(Rosa Luxemburg)였습니다. 둘 다 그 의미를 확실히 파악하고 선정한 주제가 아니라 친구들과 논의하여 힌트를 얻은 것이었습니다. 나중에 와서 생각해보니 둘 다 당시 냉전기에 유행했던 테마들의 틈새에 있는 주제였습니다. 어쨌든 아카데미즘의 풍습에 따라 사료 검증에 힘을 쏟았습니다. 비슷한 시기에 세계사에 관한 어떤 기획에 집필할 기회가 주어졌습니다. 책임은 다했지만 선행 연구를 짜깁기한 것이 아닌가, 역사에는 근접하지 못한 것이 아닌가, 하여 무척 불안했습니다. 요즘 젊은 연구자들은 믿어지지 않을지

---

1) http://www.soc.nii.ac.jp/ssmh/

도 모르겠지만, 선생님들의 세대는 유럽에 있는 도서관에서 사료
를 찾는 기회 같은 것은 전혀 없었습니다. 그 대신 선생님들의 세
대는 유럽의 연구 동향을 정말로 알기 쉽게 풀어서 소개해 주셨
습니다. 얼마나 큰 은혜를 입었는지 모릅니다.

3

어쨌든 사료라는 것을 접해본 것은 1959년에 미국에 갔을 때였
습니다. 일본에서는 '미·일 안전보장조약' 반대 투쟁이 한창인 때
라 미국에 간다는 것은 말도 안 된다는 분위기였습니다. 그런 가
운데 에구치 선생님의 세미나에서 읽었던 《1914년 전의 제국주의
(Imperialismus vor 1914)》(Georg W. F. Hallgarten, München, 1963)
라는 역작의 저자 할가르텐에게 편지를 썼더니 답장이 왔습니다.
할가르텐 선생은 바이마르 시대의 보수적 독일 역사학계에서 에카
르트(Eckart Kehr)와 함께 비판적 역사학을 개척한 역사가인데, 유
대인이었던 탓도 있어 어쩔 수 없이 미국으로 망명했습니다. 아마
도 지나치게 '좌익'이었던 탓인지 미국에서는 대학에 취직할 수
없었습니다. 그래서 저도 미국에서는 아르바이트를 하면서 지내고
있었습니다. 그러나 할가르텐 선생은 연합군의 이른바 '압수 독일
문서'를 마이크로 필름화하는 사업을 추진한 사람 가운데 한 명으
로 워싱턴 의회도서관에서 매일같이 그 필름을 읽으셨습니다. 저
는 선생의 사료 읽는 법을 거기서 가르침을 받았으며 실제 사료에
바탕을 두어야만 선행 연구와 기술(記述)을 뛰어넘을 수 있다는 것

을 배웠습니다.

또 한 가지 미국에서 배운 것이 있습니다. 그것은 대학에서 강의할 때 상세한 문헌 목록을 나누어 준다는 점이었습니다. 현재 일본에서는 학생들에게 서비스해야 한다는 취지에서 그 정도는 당연시되고 있습니다만, 당시 도쿄대학에는 없었던 모습입니다. 제자들은 스승에게서 기술을 훔쳐야 한다는 것이 장인 세계에서는 일반적인 관습인 것처럼 대학에서도 스스로 배울 수 없는 학생은 내버려두라는 인식이 보통이었습니다. 그러나 저는 미국 대학의 방식이 더 좋다고 생각했습니다. 그래서 대학에 취직한 뒤에는 수업할 때 문헌 목록을 나누어 주었으며 결국에는 《독일사 연구입문》2)이라는 참고문헌을, 동료들의 협력을 얻어 출판하기에 이르렀습니다.

제가 하고 싶었던 말은 '저쪽의' 동향을 재빨리 소개하는 '수입 (輸入) 사학'이 아니라 자기 머리로 생각하는 '내 나름의' 연구를 해야 한다는 점입니다.

더욱이 저는 1963년 무렵부터 일본의 국제역사학회의 사무국을 맡게 되어 역사학의 다양한 국제 교류에 관여했습니다. 지난 7월의 시드니 대회에서는 국제역사학 한국위원회와 협력하여 '교과서' 세션을 조직하여 사회를 보았습니다.3)

---

2) 니시카와 마사오 편, 《독일사 연구입문》(東京大学出版会, 1984).
　이는 기본적인 참고문헌이라고 자부하나 15년이 지나고 보니 미비한 점이 보이기 시작했다. 웹사이트 등에서 속편을 제작하게 되기 바란다.
3) 시드니에서는 일한 양국 국내위원회의 공동 제안에 따라서 '교과서' 세

4

그런 한편 저는 파시즘에 대한 관심을 버리지 않았는데, 실제로 연구했던 것은 사회주의사에 대해서였습니다. 30년 이상에 걸쳐 유럽 각지의 문서관에서 사료를 섭렵해 왔습니다. 그러나 소련까지 붕괴되는 '대변동' 후에 이 테마는 변두리로 밀려나고 말았습니다. 의욕이 꺾이는 상황이었지만 그렇다고 유행하는 테마로 바꿀 만큼 요령이 좋지는 못했고, 사회주의의 역사가 미래에 중요한 위치를 차지한다는 생각은 여전히 갖고 있기 때문에 질리지도 않고 계속 매달려 왔습니다. 내년에는 제1차 세계대전 후의 국제 사회주의운동에 대한 책으로서 간행할 수 있게 되었습니다.

이제는 말씀을 드려도 좋으리라 생각되는데, 이른바 '언어학적 전회(轉回)'에 따라 일본에서 '역사에는 사실도 진실도 없다', '있는 것은 구성되는 담론뿐이다'라는 식의 발언이 있어서 반론을 했습니다. 확실히 역사 연구에는 주관적인 요소가 있습니다. 한국과 일본에서 근현대사 해석에 큰 차이가 있다는 것 자체가 그 증거입니다. 그럼에도 역사 연구는 사료 발굴과 사료 비판을 기본으로 하는 것이라는 공통된 토대 위에 서 있기 때문에 상호 이해도 가능한 것이 아니겠습니까?

선이 열렸으며, 한국·일본·독일·캐나다·호주·우크라이나·이탈리아에서 보고자와 토론자가 참가해 청중 3백 명이 모인 가운데 성황을 이루었다. 자세한 보고는 일본의 《歷史学研究》 2006년 6월호에 실릴 예정이다.

만일 '역사에 사실도 진실도 없다'면 현재 정치적으로도 문제가 되고 있는 일본의 '새로운 교과서를 만드는 모임'판 교과서 또한 다른 교과서와 '똑같은' 담론이 되어 버리는 것입니다. 다른 교과서는 사료에 입각한 역사 연구를 기반으로 삼고 있는데, 어떻게든 정치라는 영역에서 결판내려는 '새로운 교과서를 만드는 모임'판 교과서를 과연 그것과 '똑같은' 것으로 취급할 수 있겠습니까?

여기에서 약간 마음에 걸리는 것은 한국 역사학계에서 한국의 내셔널리즘에 경종을 울리고 일본의 '새로운 교과서를 만드는 모임'을 비판하는 환영할 만한 문맥 가운데서, 이 교과서가 역사 상대주의를 주창하는 것이라거나 '반면교사'라는 의미에서라도 배울 점은 있다는 의견이 제기되고 있다는 것입니다. 또한 유럽에서는 공동교과서가 채택되고 있다는 잘못된 인식이 확산되고 있다는 점입니다. 이 점에 대해서는 서로 더 토론할 필요가 있을 것 같습니다.

5

저는 유럽사 연구의 길을 걸어 왔습니다. 이는 지금도 변함이 없는데, 큰 전기(轉機)가 된 것은 1982년입니다. 그해 일본의 교과서가 일본이 아시아를 침략한 것에 대해 충분히 설명하지 않는다는 비판이 한국과 중국 그리고 그 밖의 아시아 정부·국민 사이에서 일제히 일어났던 것입니다. 저도 그 가운데 한 명이었습니다만 사실 일본의 역사 교과서 집필자들은 일본이 아시아를 '침략'했던 것을 쓰려고 했습니다. 그것이 실현되지 못한 것은 문부성의 검정에서 '침략'이라는 표현이 규제되었기 때문이었습니다. 따라서 책임은 문부성에 있었다고 할 수도 있으나, 교과서 집필자들은 자신들에게도 또한 책임이 있다고 생각해서, '사회과 교과서 집필자 간담회' 등을 조직해 더 나은 교과서를 만드는 운동을 전개했습니다. 그 이전부터 교과서 검정제도 자체에 의문을 던지는 이에나가(家永) 재판이 계속되었던 것이 중요한 배경이 되었습니다.

이러한 분위기 속에서 요시다 고로(吉田悟郎) 씨를 중심으로 '비교사·비교역사교육연구회'가 탄생했습니다. 중·고등학교 교사와 대학 교수들의 공동체라는 점이 특징이었으나 규약도 못 갖춘 보잘것없는 연구회에 지나지 않았습니다.

그 무렵까지, 널리 알려져 있었던 '서독·폴란드 교과서회의' 같은 기획이 동아시아에는 전혀 없었습니다. 그래서 저희들은 1984년에 한국·중국의 보고자를 맞이하여, 이제 와서 생각하니 '제1회'가 된 '동아시아 역사교육 심포지엄'을 개최하게 되었습니다. 전부 호주머니를 털어서 해결했습니다. 그 무렵 일본의 '진보적' 역사연구자들은, 한국은 독재 정권 아래 있으니 북한의 사회주의에 기대한다는 분위기였기 때문에 한국에서 참가자를 맞이한 것은 획기적인 일이었습니다. 그런 만큼 처음에는 서로 어색한 분위기였습니다. 1989년에는 제2회 심포지엄을 열었습니다. 천안문 사건이 일어난 직후여서 중국에서 참가할 사람이 있을지 조마조마했습니다. 그런 한편 조선민주주의공화국에서 참가하게 되었습니다. 남북한의 역사가들이 한자리에 모인 것은 아마도 이때가 처음이 아니었나 싶습니다. 마치 서로 갑옷을 입고 있는 것 같았습니다. 그러나 곧 남북으로 분단되었어도 같은 민족이라는 공감이 생겨났고, '일제'시대를 겪었던 북한 대표가 일본의 민요를 부르는 등 진정 화기애애한 분위기가 연출되었습니다. 물론 그런 일로 '과거가 극복'되었다고 생각하기에는 이릅니다. 그러나 그를 위한 한 걸음임에는 틀림없겠지요.

'비교사·비교역사교육연구회'는 1994년에 청일전쟁을 주제로 제3회 심포지엄을 열었으며 여기에서는 베트남과 타이완의 보고자를 맞이하게 되었습니다. 나아가 1999년에 제국주의를 주제로 제4회를 열었습니다. 4~5개 국가와 지역에서 보고를 받아보니 '한·일', '중·일'이라는 2개국 사이의 대화만 가지고는 간과되기 쉬웠던 문제점들이 부각된다는 새로운 발견을 했습니다. 예를 들어 '청일전쟁'에 대한 중국의 역사 연구·교육에서는 조선의 존재에 충분히 주목하지 않는다거나, 베트남 전쟁 때 한국은 '가해자'의 한 축을 맡았던 것은 아닌가, 또한 조선과 타이완에서 '식민지 지배하의 근대화'라는 미묘한 문제에 대해 비교할 가치를 지닌 논의가 이루어지고 있다는 등이었습니다. 물론 당장 의견이 일치할 리는 없었습니다. 그러나 대화로 서로 간의 역사인식이 심화된다는 것을 실감하게 되었습니다.[4]

---

4) 비교사·비교역사교육연구회 편, 《자국사와 세계사 : 역사교육의 국제화를 찾아서》(未來社, 1985)·《공동토의 : 일본·중국·한국(자국사와 세계사)》(호루부出

1995년에는 일본의 무라야마(村山) 수상의 제안으로 '평화우호
교류 계획'이 실현되었습니다. 저는 그 계획의 일환으로 설립된
'중·일 역사연구센터'의 평의원을 맡게 되었습니다. 일개 유럽사
연구자였던 제가 받는 연하장 가운데 어느덧 유럽에서 오는 것보
다 아시아에서 오는 것이 더 많아졌습니다.

또 한 가지 말씀드릴 것은 '비교사·비교역사교육연구회'가 표
어로 내걸었던 '자국사와 세계사'와도 연관되는 문제입니다. 저는
세계사에 큰 관심을 갖게 되었고 고등학교의 세계사 교과서를 편
집·집필하는 일에 오랫동안 관여해 왔습니다. 그렇기 때문에
1982년, 일본의 역사 교과서에 대한 이른바 '국제 비판'을 저 자
신에 대한 비판으로 받아들이게 되었습니다.

저는 《강좌 세계사》(전 12권, 歷史學硏究會 편, 東京大學出版會,
1995~1996)를 편집하는 데 10년 가까이를 들였으며, 《세계사사
전》(角川書店, 2001)의 편집 작업에도 10년을 들였습니다. 그리고
현재 《세계사사료》(전 12권, 역사학연구회 편, 岩波書店에서 간행
예정)라는, 9년 전에 첫 편집회의를 열었던 기획을 실현시키려 하
고 있습니다. 갈 길이 까마득한 일이니, 그런 일보다는 제 자신의
전공 논문에 전념해야 한다는 충고도 받았습니다. 그러나 저에게

版, 1985)·《아시아의 '근대'와 역사교육(속·자국사와 세계사)》(未来社, 1991)·
《구로부네(黑船)와 청일전쟁》(未来社, 1996)·《제국주의의 시대와 현재》(未来社,
2002).

　서독·폴란드의 교과서 회의에 대해서는 니시카와 마사오 편, 《자국사를 넘
어선 역사교육》(未来社, 1992)과 전문 연구로서 곤도 다카히로(近藤孝弘) 《독일
현대사와 국제교과서화(化) 개선》(名古屋大学出版会, 1993)을 참고할 수 있다.

는 이러한 일들이 전 세계 동서고금에 대한 관심을 고취해 전공 논문까지도 알차게 해 줄 것이라 믿고 있습니다.

그러나 저에게 가장 충격적이었던 것은 '비교사·비교역사교육 연구회'와 맺은 인연으로 말미암아 1991년에 서울에서 개최되었던 '21세기를 지향하는 역사교육'이라는 한·일 역사교육 세미나에 참가해서 얻은 경험입니다. 이원순 선생님께서 직접 인솔하셔서 강화도를 방문하게 되었습니다. 연무당(鍊武堂) 터를 안내해 주시면서 강화도조약이 얼마나 강제적으로, 무력을 통해 이루어진 것인지를 설명하셨습니다. 그 이상으로 이 선생께서 '일제' 시절에 일본어를 잘 못한다고 따귀를 맞았다, 으스대던 사람은 보통 일본인이었다, 그런 말씀을 하셨을 때는 무어라 할 말도 없었습니다.[5] 일본의 반전 평화운동은 원폭 피해자에서부터 출발했습니다. 일본인이 아시아에 대한 가해자였다는 자각이 일기 시작한 것은 이 무렵이었습니다. 한 가지 말씀드릴 수 있는 것은 국제 대화의 마당에서 과거에 지배했던 측이 지배를 받았던 측에게 비판을 당해야 비로소 눈을 뜨게 된다는 것입니다. 결국 지배했던 측이 대화를 통해 배우는 일이 많다는 것입니다. 이렇게 한·일 교류가 진전되는 가운데 제 수업에 참가했던 강옥초(姜玉楚) 씨가 타계한 일은 공자가 안회를 잃었을 때와 같은 심경이 되게 했습니다.

---

5) 그 세미나의 일본어 기록 – 니시카와 마사오 편, 《자국사를 넘은 역사교육》 제1부.

6

이제 보통 사람들의 전쟁 책임이라는 문제로 넘어가겠습니다. 독일의 경우, 나쁜 것은 나치라고 말한 바이츠제커 대통령의 연설을, 한국을 비롯해 전 세계가 독일이 전쟁 책임을 인정한 증거로 받아들이고 납득했습니다. 그러나 독일 국방군도 유대인 학살에 관여했다는 사실이 밝혀지면서 나치와 독일인을 구분하는 논리가 흔들리게 되었습니다. 그렇다고 해도 보통 사람들의 전쟁 책임을 추궁하는 것은 어려운 문제를 안고 있습니다. 어느 나라 사람이건 보통 사람들이 침략의 첨병이 되거나 가혹한 처지에 놓이게 되는 것이 사실이기 때문입니다. 역사학 분야에서는 보통 사람들에게 전쟁 책임을 추궁한다는 데까지 갔는데, 아까 말씀드렸듯이 문제는 단순한 것이 아니며, 저는 다만 그 점을 확인해야 한다고 말하는 것으로 일단 만족하려고 합니다.

역사학은 '허학(虛学)'이기 때문에 역사교육과 함께 어떤 경향을 지녔든 정치권력에서 자유로워야 한다는 것이 저의 결론입니다. '허학'이기 때문에 현실비판에 기여할 수 있는 것이 아니겠습니까.

그런데 현재 일본의 정치 상황은 저로 하여금 반세기에 걸쳐 나름대로 노력해 왔던 방향이 하룻밤 사이에 뒤집혔다는 느낌을 받게 합니다. 예를 들어 패전 직후를 보면 예컨대 현재 이라크의 상황처럼 점령군에 대한 반격도 없었고 오히려 A급 전범이 정계에 복귀하는 일이 일어났습니다. 그것은 처음에 말씀드렸듯이 일본의 서민들이 굶주리고 있는 상황이었기 때문이라는 말만으로는 설명할 수 없습니다. 일본인은 '전쟁 종식의 조칙(詔勅)'을 '옥음(玉音)방송'으로 받아들였으며, 미국 점령군의 정책 탓도 있었지만 천황의 전쟁 책임을 스스로 추궁하려 들지 않았습니다. 그 영향이 이제야 나타나기 시작한 것입니다. 절망적인 상황이지만 처음부터 다시 시작할 수밖에 없습니다.

역사가의 탄생이라는 말씀은 도저히 못 드리겠군요. 일개 역사 연구자·교육자로서 기탄없이 의견을 개진했다고 생각해 주시기 바랍니다.

제5회 한·일 역사가 강연회

_일본 도쿄(2006)

국제화의 바람이 마뜩찮은 내 등을 밀었다

카바야마 코이치(樺山紘一)

한국 근·현대사 만학도의 연구 편력

── 갑오경장(1894)에서 대한민국 건국(1948)까지 ──

유영익(柳永益)

국제화의 바람이 마뜩찮은 내 등을 밀었다

카바야마 코이치(樺山紘一)

인쇄박물관 관장

1. 서양 중세사가로서

말할 것도 없이 저는 한낱 하찮은 역사가입니다. 동아시아의 한 구석인 일본에서 서양 중세사를 연구한다는 논리적인 작업에 기술상의 난제까지 걸머지고, 게다가 아직껏 세상을 놀라게 할 만한 성과를 거둔 적도 없는 평범한 역사가에 지나지 않습니다. 그런 경력을 전제로 하면서도 어떻게 국제화로 나아가는 이 세계 속에서, 세계사를 대상으로 악전고투했는가를 술회할 기회를 갖게 하여준 것을 분수에 넘친 영광으로 생각합니다.

제가 도쿄대학의 대학원생으로서 학문의 길에 발을 들여놓은 것은 1965년이었습니다. 그 전년에 일본에서는 외환의 자유화가 실현되었습니다. 외화 구입이나 지불이 가능해지고, 자비 유학은 꿈같은 환상이라 하더라도, 내 나름으로 외국서적을 구입하거나 마이크로필름을 주문·입수할 수 있게 되었습니다. 그 혜택을 입게 된 제1세대라고 해도 될 것입니다. 그때까지도 구미 국가들로부터 유학생이 초빙되어 외국 대학에서 연수받는 것은 어느 정도 정착되어 있었으나, 외환 자유화는 해외에 대한 문호를 활짝 개방한 것이 되었습니다. 저는 1960년대 후반에 여러 가지 사정으로 끝내 공식적인 외국 유학의 기회를 잡지 못하였지만 심리적으로 고독감에 젖는 일은 없었습니다.

서양 중세사가로서 어느 정도 부자유를 느끼기는 했으나 구미의 문헌을 구독할 수가 있고, 또 입수가 불가능했던 고문서를 복사한 것이나 마이크로필름을 구하는 것도 외국 도서관의 호의로 가능해졌습니다. 몇 사람의 구미 연구자는 면식도 없는 머나먼 아시아의 연구자에게 편지로 조언과 지원을 해 주었습니다. 그 너그러움에 지금도 대단히 감사하고 있습니다. 이렇게 국내에서 연찬한 결과로서 1979년에 《고딕 세계의 사상상(思想像)》(岩波書店)이라는 논문집을 간행할 수 있었습니다. 물론 이것은 젊은이가 겁도 없이 엮어낸 습작에 지나지 않습니다. 구미 학계의 추세라든가 관행 같은 현지 상황에 대하여 주도면밀한 지식이나 정보를 알지 못하고, 국내에서 완결한 사고의 결과물이라고 해야 될까요.

그러나 감히 변명과 해명을 덧붙이자면 1960년대까지는 일본 국내에서 전개된 '전후 사상'이나 '전후 학문'의 성과를 이어 받을 만한, 빈약하지만 진지하게 씨름한 결과에는 틀림없습니다. 그

렇지 않고 구미 학계에 직접 접촉했다면 상당히 다른 상황이 되
었으리라 생각합니다.

2. 비교사학을 향하여 나아가다

조교로서 처음으로 연구·교육직에 자리를 잡은 것은 1969년이
었습니다. 교토(京都)대학 인문과학연구소는 인문학을 공동 연구
를 통해 추진하려고 하는, 당시로써는 참신한 목적을 가진 기관
이었습니다. 구와바라 다케오(桑原武雄), 가와노 겐지(河野健二),
아이다 유지(會田雄次) 같은 서양학 연구자를 비롯하여 일본·동양
에 걸쳐 저명한 학자들이 모여 있었습니다. 연구를 수행할 때 한
낱 조교에 불과한 젊은이에게도 지나칠 만큼의 자유를 주고, 책
임을 맡겨 저로서는 공동 연구의 묘미를 과분할 정도로 만끽할
수 있었습니다.

그러나 더 중요한 것은 여기에 모인 기관 안팎 사람들이 세계
의 여러 문명에 관해 광범한 지식과 관심을 공유하고 일본에 대
해서나, 서양에 대해서 뚜렷이 상대적인 태도를 견지하는 일이었
습니다. 일본인의 연구 활동에서 서양은 절대적인 위치를 차지할
리 없고, 또 사회·문화적인 작용에서도 상대적 모형을 제시하는
것뿐이라고 여겼습니다. 오히려 유라시아 대륙의 여러 문명은 미
리 진로가 정해진 근대화나 보편화의 과정에서가 아니고, 인류사
의 광대(廣大)한 도식 속에서만 그 지위가 설정되는 데 지나지 않

습니다. 물론 아프리카나 라틴아메리카를 포함한 여러 대륙의 문명들도 그 일환을 이루는 탐구의 대상이었습니다.

거의 전 세계를 포괄하는 형태의 역사 연구는 그때부터 주목을 받은 우메사오 다다오(梅棹忠夫) 씨의 〈문명의 생태사관〉을 구심점의 하나로 하여, 미묘한 차이를 내포하면서도 다수의 연구자를 규합하여 계속되었습니다. 저를 포함한 서양사 연구자들도 우선 유럽을 비교연구의 대상으로 삼고, 다양한 시각에서 하는 비교를 기초로 고찰하려고 생각하였습니다. 하나 예를 들면, 담당했던 공동 연구 가운데 〈이단운동의 연구〉가 있습니다. 이 연구반은 당분간 유럽 중세에서의 이단을 중요한 주제로 하여 시작하였습니다. 그러나 곧 '이단'이란 역사상으로 볼 때 모든 종교사회에서 보편적으로 나타나는 일임이 상기되었습니다. 이슬람 세계나 일본에서도, 또 중국에서도 '이단'이라는 역사 현상을 지적할 수 있을 것입니다. 양상이 몹시 다양한 그런 현상을 서로 비교해 봄으로써, 이단의 본질적 차이를 규명하고 동시에 뒤집어서 '정통' 본연의 모습을 찾아낼 수도 있을 것입니다.

저는 이 연구소에 있었던 6년 반 동안 몇 가지 공동 연구에서 비교연구를 시도하는 데 참가할 수가 있었습니다. 예를 들면 일본 근세 종기의 문화사를 가급적 비교의 양상으로 해명하려고 한 '가세이(化政) 문화의 연구'나 '바쿠후(幕府) 말기의 문화 연구' 또는 '프루동 연구'나 '제2제정의 연구' 등 이었습니다. 이런 일에는 협의의 전문가와 인접 분야의 연구자가 참가하여 서로를 자극

하며 종래의 관점을 되도록 상대화하는 데 힘썼습니다. 물론 그
성패에 대하여는 견해도 갈라졌지만 당시의 일본학계에 상당한
메시지를 주었음은 부인할 수 없을 것입니다.

3. 카탈로니아에의 눈

　개인적인 여행 말고 공무로서 외국에 머무를 수 있었던 첫 기
회는, 좀 뒤늦은 일이기는 하지만, 1972년에 찾아왔습니다. 상대
국에서 초빙한 유학이 아니고, 소속되어 있던 교토대학 인문과학
연구소가 시행한 '해외 조사'의 일환이었습니다. 이 조사 프로젝
트는 우메사오 씨의 주도로 시작되었으며 1967년과 1969년에 제
1차, 제2차, 1972년에 제3차 파견이 이루어졌습니다.

　이 조사는 여러 가지 의미에서 획기적이라는 평가를 받았습니
다. 그 가운데 하나는 조사 대상이, 그때까지의 상식이었던 아시
아·아프리카 등의 부족사회가 아니고, 단적으로 유럽사회였다는
점입니다. 우메사오 씨의 설명에 따르면, 인류학 또는 사회학에서
이루어지는 조사는 '일본보다도 근대화가 늦은' 사회가 대상이
되었으나 이번에는 완전히 반대로 선진국으로 불리는 나라들과,
더욱이 수도의 문화시설처럼 예전 조사와는 다른 사회가 대상이
된다는 것이었습니다. 굳이 선진국을 조사할 것까지도 없었습니
다. 당시에는 유학을 문화 수용의 근원으로 삼는 것이 상식이었
기 때문입니다. 그럼에도 3차에 걸친 유럽 현지조사는 인류학자

나 사회학자뿐만 아니고, 프랑스문학·경제사학·정치학·서양사학
등 인문과학연구소의 진영이 총동원된 형태로 진행되었습니다.

어디까지나 현재의 사회조사를 주안으로 삼았기 때문에 어떤
분야에 대해서도 현대적 관심을 앞세우기로 하였습니다. 그 조사
보고는 기관의 공식보고와 몇 가지 저술로 출판되었습니다. 준비
작업의 차이도 있어 모든 것이 생각대로 진행되었다고 할 수는
없어도 파견된 중견학자나 신진 연구자들에게는 그때의 현지체험
이 다음 연구에 더할 나위 없이 귀중한 보탬이 되었다는 것은 각
기 기회가 있을 때마다 보고한 바와 같습니다.

토의 끝에 저에게 주어진 지역과 주제는 에스파냐의 카탈로니
아 지방의 사회변동이었습니다. 준비라고 하면 학창시절에 호기
심으로 배우기 시작한 에스파냐어와 에스파냐 내전에 관한 극히
초보적인 문헌지식이 고작이었습니다. 1972년 여름부터 이듬해인
1973년 1월까지 7개월에 걸쳐 주로 바르셀로나와 근교의 농촌에
서 보내게 되었습니다. 프랑코시대 말기에 에스파냐는 아직 고도
경제성장의 단계에 이르지 못하고 있었으나, 국내에서 선진 지역
인 카탈로니아에서는 벌써 인구의 이동과 농·공업의 구조적인 변
동이 시작되고 있었습니다. 이것은 지중해 세계에 위치하는 카탈
로니아의 지역적 주체의식도 자극하여 거대한 변화를 예고하는
것이었습니다. 중세사가인 저에게도 이것은 역사적 사고를 촉진
시키는 일이었습니다. 하지만 당시에 바르셀로나대학 경제학부에
서 이미 시작된 독특한 비교경제사 연구에 대하여 충분한 지식이

나 인식은 가지고 있지 못했습니다. 거기에는 비센스 비베스를 지도자로 하고, 여러 외국과 유익한 교류로 에스파냐와 카탈로니아의 역사적 위치를 평가받을 움직임이 움트고 있었습니다.

어쨌든 지역으로서 본 카탈로니아를 대상으로 하여 역사와 문화를 이해하려고 한 작업은 다시 두 번에 걸친 카탈로니아 조사로 일단 모습을 갖추게 되었습니다. 《카탈로니아에의 눈》(1979)이 그 보고서입니다. 우메사오 씨의 착상에 어느 정도의 보답을 한 셈이었고, 또한 서로 거리를 둔 일본과 카탈로니아 사이에 다양한 관점으로 비교가 가능하다는 것도 배웠습니다. 교토대학의 조사는 그것으로 마무리되었지만 다음에 같은 방법으로 남미의 안데스 고원을 조사할 기회를 얻게 되었습니다.

4. 자크 르 고프와의 만남

1976년 6월 프랑스 정부의 파견으로 실현된 역사가 자크 르 고프의 일본 방문은 일본의 유럽사 연구에 큰 충격이었습니다. 일·불(日佛)회관에서 이루어진 강연은 〈역사학과 민족학의 현재 ― 역사학은 어디로 가는가〉라는 제목으로 이루어졌지만, 종래의 제도사·정치사적인 이해와는 다른, 인류학에서도 관련을 찾는 사회사적인 시야에 대한 신선한 제언을 한 것이었습니다. 말할 나위도 없이 르 고프 씨는 당시 프랑스에서 '아날파(派)'의 주도층 가운데 한 사람이고, 거기에 대하여 면밀한 해설이 더해졌습니다. 이 강연록은 진작부터 르 고프 씨와 친밀한 니노미야 히로유키(二宮宏之) 씨가 번역했고, 또 저명한 인류학자인 야마구치 마사오(山口昌男) 씨가 도발적인 해설도 덧붙여 역사가의 범위를 넘어 광범위한 반향을 일으켰습니다.

이른바 아날파는 마르크 블로크와 뤼시엥 페브르를 시조로 하여, 특히 제2차 세계대전 직후에 뚜렷한 형태를 취하게 되었습니다. 파리의 고등연구 기술대학 제6부를 거점으로 하여, 그 제2·제3세대라고 해야 될 역사가에 의해 《아날》지(誌)를 통하여 명백한 주장을 가진 그룹으로서 대담한 활동을 개시하였습니다. 미국 록펠러 재단의 지원도 있고 페르낭 브로델을 수령으로 하고 르 고프와 르 로와 라뒬리 등 왕성한 활동을 하는 학자들이 국제적으로도 거대한 운동의 성과를 거두고 있습니다. 사회과학 고등연구원으로서 독립한 것은 1975년의 일입니다.

하지만 일본의 유럽사 연구자에게는 니노미야 씨 외에는 거의 접촉할 기회가 없어서 국내 학계에서 화제가 되는 일도 별로 없었습니다. 아마 사회경제사학이 마르크스주의의 영향 아래 있고, 또 정통사학은 정치사에 집중하였기 때문에, 그런 것에 상대화를 지향하는 아날파에 대하여 냉담하였던 것이 이유라고 할 수 있습니다. 1976년의 르 고프 충격은 그 점에서 보면 과연 시대에 뒤떨어진 감이 있습니다. 그러나 그 뒤에 일본에서는 아날파 주변의 역사가에 대한 관심이 부쩍 늘어, 수많은 번역서가 소개되고 이해가 촉진되었습니다. 너무나 급격한 이런 강조점의 이동에 대하여는 비판도 있을 것입니다.

저는 르 고프 씨의 방일을 계기로 만나 볼 기회를 갖고, 그로부터 받은 자극은 너무나 컸습니다. 저는 아날파의 역사가임을 자부하지 않지만, 그 자극은 유학으로 얻을 수 있는 혜택보다 훨씬큰 것이었습니다. 르 고프 씨로 대표되는 프랑스 역사학의 전통과 미래에 대한 도전에 관하여 깊은 존경심이 각인되었습니다. 아날파란 하나의 학문적 방법을 뜻하는 것이지만 그보다도 국제적으로 인지된 프랑스인 역사가 집단의 실체를 의미하고 있다고 믿습니다.

5. CISH와의 관계

1995년 8월 제18회 국제역사학회(CISH)의 대회가 캐나다 몬트리올에서 개최되었습니다. 그 대회의 라운드 테이블 세션의 하나로서 '역사학 잡지의 현재와 미래'가 개최되었습니다. 《미국 역사학회지(American Historical Review)》가 주최 단체로서 세계에서 중요한 학술잡지 10곳의 편집자를 초청, 역사학 잡지의 바람직한 편집에 관하여 토의하는 자리였습니다. 당시 저는 일본의 학술지 《사학잡지》의 편집담당 이사 가운데 한 사람이었기 때문에 우리 잡지의 소개를 겸한 보고를 하도록 이사회의 요청을 받았습니다.

솔직히 말해서 책임이 힘겨운 역할이라 별로 마음이 내키지 않았습니다. 그렇지만 실제 자리에서는 종래 전혀 관심을 가져보지 못했던 학술상의 문제에 대하여 새로운 고찰을 강요받게 되었습니다. 더욱이 그것은 《사학잡지》와 그 발행단체인 사학회(史學會)에 대해서 거의 최초의 경험이었습니다. 그 연혁이나 발행부수, 그리고 전문성에서는 거의 세계적 수준인 학술지였지만 여러 외국과 사이의 교류는 별로 관심을 두지 않았습니다. 그 심포지엄의 토론은 저에게 대단한 충격이었습니다. 분명히 전문영역에서는 유럽 각국의 연구자와 교류가 있었고, 거기에서 얻은 것도 적지 않았습니다. 그러나 학술집단으로서 국제학회는 전혀 염두에 두지 않았던 것입니다.

국제역사학회의는 1898년에 준비 모임을 가진 다음, 1900년 파리 국제역사학대회에서 정식으로 창설되었습니다. 인문계 학술회의 가운데서도 가장 오래되었고, 또 계속 운영되어 온 국제학술회의의 하나입니다. 1926년에 상설화하고 제2차 세계대전으로 말미암은 공백을 넘어 전후에도 정력적인 활동을 보여 잘 알려져 있었습니다. 일본은 이미 대전 중에 니도베 이나조(新渡戶稻造)가 핵심적 구실을 수행했으나 대전의 여파도 있어 거의 국외자가 되었습니다. 일본이 본격적으로 복귀한 것은 1960년 스톡홀름 대회 때부터였습니다. 그로부터 다카하시 고하치로(高橋幸八郎) 씨의 진력에 힘입어 중요한 위치를 차지하게 되었습니다. 5년마다 개최되는 대회에서는 특히 일본을 포함한 아시아 역사학계의 연구자가 보고를 하며 참여가 촉진되었습니다. 몬트리올 대회에는 저 말고도 10명 정도의 보고자와 60명에 이르는 일반 참가자가 있었습니다.

몬트리올 대회에서 꽤 많은 사람을 알게 된 덕분이랄까, 다음의 오슬로 대회에서 저는 국제역사학회의 국제이사로 지명받게 되었습니다. 솔직히 말해서 청천벽력이었습니다. 너무나 힘에 부치는 역할을 맡게 되었기 때문입니다. 회의 의장인 독일인 율겐 코카 씨는 특히 회의의 세계성(에큐메니컬리즘)을 강조하며 저를 포함한 2명의 아시아인 이사에 대하여 큰 기대를 하며 지원을 약속하였습니다. 그것은 국제회의의 역사 가운데 유럽인 연구자가 중요한 자리를 너무나 많이 차지한 것에 대한 반성이며, 나아가서는 '유럽중심 사관'의 상대화를 대담하게 추진하려는 움직임이었습니다. 물론 극히 제약이 많은 조건 아래서 우리의 활동 성과는 몹시 한정된 것이었습니다. 그렇다 하여도 일본인 역사가로서 짊어진 책무를 생각하면 갑자기 책임을 거절할 수는 없었습니다. 2005년 시드니 대회에서 또 5년 동안 책임을 계속 맡게 되고, 국제위원회의 부의장을 하게 되었습니다.

이 기회를 빌려 한·일 양국의 많은 역사가들께 국제역사학회의에 대하여 진심으로 지원과 지도를 바라 마지않습니다. 말할 것도 없이 역사학은 범세계적 연구의 조직 속에서 서로 비판하고 협조하며 추진되어야 합니다. 연구 테마는 각기 다른 방향을 취하더라도 역사가로서 갖는 공통 의식과 과제를 내걸고 국제사회에 대하여 이바지할 길을 모색해야 되는 것입니다. 이것은 역사학뿐만 아니라 누구나 학문 연구에 종사하는 이들의 보편적 법칙이라고 믿습니다.

6. 가까운 이웃 나라의 연구자와 함께

이미 언급하였듯이 저는 유럽 중세·르네상스 사를 전문으로 하는 역사가입니다. 그 전문성 때문에 유럽인 역사가들과 대화할 기회를 가졌으며, 그 과정에서 일본 역사에 대한 이해가 요구되었습니다. 일찍이 교토대학에 적을 두고 있을 당시 비교사적 시각을 되도록 유지하며 발전시키고자 노력하였습니다. 성과를 거둔 역사적 실체의 비교나 연구자 사이의 대화는 결코 용이한 일이 아니라는 것을 실감하고 있습니다.

그러나 이와 같은 사정이 새로운 전개를 기다리고 있었습니다. 국제역사학회 회의의 당사자로 참가하기 전부터 저는 대학 업무의 명에 따라 한국과 중국의 연구자와 공동 작업을 하기로 되어 있었습니다. 역사학을 포함한 사회과학·인문과학 연구자들 사이에 몇 가지 공동 심포지엄을 실시하는 가운데 이웃 나라 사이에 밀접한 제휴가 필수적이라는 것을 통감하게 되었습니다. 마침 이 3국 사이에 교류가 급속히 진행되고 여행 환경도 개선되어 서로의 왕래가 매우 빈번하게 실현되기에 이르렀습니다. 극히 기초적인 단계이지만 한국과 중국 역사와 문화에 대한 이해에 힘쓰게 되어 역사가로서 상호 이해의 가능성에 새로운 지평이 열린 것입니다. 특히 한·일역사가회의가 발족한 것도 기쁜 일이었습니다.

저는 어린 시절에 2년 남짓 상하이에서 살았다는 친근감도 있어, 특히 중국에는 관심을 가지고 있었으며 예상을 넘어선 호기를 맞게 된 것을 진심으로 감사하고 있습니다. 동아시아의 3국뿐만 아니라 동남아시아 제국을 포함한 학술상의 교류 가능성도 성숙되고 있습니다. 신중하게, 그러나 적극적으로 이들 이웃 아시아 국가들과 학술상 제휴를 모색하고자 합니다.

이상에서 본 바와 같이 일본 한 구석의 하찮은 역사가로 살아온 제가 뜻밖에도 20세기에서 21세기에 걸친 시대에 세계화라는 강풍에 등이 떠밀려 세계 연구자들과 제휴에 참여하는 처지가 되었습니다. 언제나 망설일 따름입니다. 되도록 저보다 훨씬 학술상 능력이 뛰어나고 국제적 활동 경험을 많이 쌓은 다음 세대의 역사가가 더욱 진력하기를 오로지 기대할 뿐입니다.

주기(註記): 2006년 11월에 개최된 한·일역사가회의에서는 '역사가의 탄생'이라는 표제였지만, 개인적인 역정을 말하지 않고 오로지 국제 역사학회의의 발자취에 대해서 이야기하였습니다. 그 주제에 대하여는 그 뒤에 《역사가들의 유토피아로 : 국제 역사학회의 백 년》(2007)이라는 책으로 펴냈습니다. 여기에서는 그것과 중복을 피하기 위해, 다시 개인적 역정을 포함하여 쓰기로 하였다. 관계자 여러분의 양해를 바랍니다.

한국 근·현대사 만학도의 연구 편력
─ 갑오경장(1894)에서 대한민국 건국(1948)까지 ─

유영익(柳永益)

연세대 국제학대학원 석좌교수

머리말

저는 19세기 중반부터 20세기 중반까지 약 백 년 동안의 한국 근·현대사를 전공한 일개 역사학자에 지나지 않습니다. '국제역사학회의 한국위원회'가 과분하게도 저를 한국 역사학계를 대표하는 '역사가'로 지목하여 이 영광스러운 자리에 서게 해준 것에 대해 송구스럽게 생각합니다. 이 자리를 빌려 저를 한국위원회를 대표하는 연사로 선정해 주신 한국위원회의 차하순(車河淳) 위원장과 위원들에게 심심한 사의를 표하는 바입니다.

저는 해방 뒤에 한국의 교육제도가 배출한 제1세대 역사학자 가운데 한 사람입니다. 제가 역사학자로서 맨 처음 착수한 연구 과제는 19세기 후반의 한·일관계사입니다. 저는 한국에서 대학 교육을 마치고 미국의 대학원에서 한국 역사를 전공하여 학위를 취득한 뒤, 현지에서 교수생활을 시작했다는 점에서 대부분의 한국 역사학자들과 학문적 이력을 달리합니다. 이러한 몇 가지 점에서 저의 한국사 연구 편력담은 이 자리에 참석한 한·일 양국, 특히 일본 측 역사학자들에게 관심사가 될 수 있으리라 생각합니다.

1. 역사에 대한 관심의 발단

제가 세상에 태어나 장차 어떤 인물이 될 것인가에 대해 처음으로 깊이 생각해본 것은 초등학교 5학년 때였다고 기억됩니다. 그때까지 저는 가장 존경하는 역사적 인물로 미국의 발명왕 에디슨을 꼽고 있었는데, 어느 날 제가 다니던 시골의 초등학교 담임선생님이 급우들 앞에서 저의 머리를 쓰다듬으며 "너는 장차 물리학을 전공하여 노벨상을 타서 우리나라의 명예를 드높여 보아라"라고 말씀하셨습니다. 이 말에 고무되어 저는 한동안 세계적 물리학자가 되는 꿈을 꾸었습니다.

그러나 중학교에 입학한 뒤, 저의 생각에는 큰 변화가 일어났습니다. 그렇게 된 이유 가운데 하나는 제가 입학한 인천중학교의 길영희(吉瑛羲)라는 교장선생님에게 받은 감화이고, 다른 한 이유는 중학교 2학년 때 발발한 한국전쟁(6·25 전쟁)이었습니다. 길영희 선생님은 일본의 히로시마(廣島) 고등사범학교 역사·지리학과를 우수한 성적으로 졸업한 교육자이셨습니다. 1주일에 한

번 열리는 학교 조회(朝會)에서 동서양의 고사(故事), 특히 사마천 (司馬遷)의 《사기》〈열전〉에 나오는 인물들에 관한 일화로써 훈화를 하셨는데, 그분의 강연이 너무나 재미있고 감동적이라 저는 자연히 역사에 관심을 갖게 되었습니다. 길 선생님은 3·1 운동 때 경성의학전문학교(京城醫學專門學校) 학생으로 반일 시위를 주도하다가 6개월 동안 옥고를 치른 애국지사였기 때문에, 자기가 사숙하는 도산(島山) 안창호(安昌浩)와 남강(南岡) 이승훈(李昇薰)에 대한 얘기도 많이 들려주셨습니다. 한마디로 저는 길 선생님의 훈도 아래 민족주의자가 되었고 역사를 보는 안목을 키웠습니다. 그러나 그분의 영향으로 역사학자의 길로 들어선 것은 아닙니다.

1950년 6월에 일어난 한국전쟁은 여러모로 저의 인생관과 세계관을 바꾸어 놓은 대사건이었습니다. 전쟁 발발 당시 인천 근교에 살고 있던 저는 북한 인민군 치하에서 3개월 동안 암울하고 배고픈 생활을 이어가면서 공산주의의 이론과 실제에는 커다란 차이가 있다는 사실을 깨우쳤습니다. 9월 15일 맥아더 장군이 감행한 인천상륙작전을 전후하여 미 해군과 공군이 인천 지역에 함포사격과 공중폭격을 퍼부을 때, 저는 방공호 속에 몸을 숨기고 왜 우리나라에서 이렇게 처참한 전쟁이 일어났는지 곰곰이 생각을 굴리면서 그 원인을 알고 싶었고 언젠가 이 의문에 대한 답을 캐내리라 다짐했습니다. 10월 말에 중공군이 전쟁에 개입하자 우리 식구는 동래(東萊)로 피난하여 임시 육군병원으로 바뀐 모 여자고등학교 앞에서 피난살이를 했습니다. 그때 저는 그 병원 주변에 수용된 국민방위군 '지원병'들이 — 이승만 정부의 부패와 무능 때문에 — 훈련도 제대로 받지 못한 채 병사하여 그 시체가 매일 7~8구씩 병원 밖으로 이송되는 장면을 목격하고 내심으로 크게 분개하였습니다. 이것은 그때까지 저의 생애에 있어 가장 큰 충격이었습니다. 이를 계기로 저는 우리나라 백성을 잘살게 만들려면 앞으로 물리학자가 될 것이 아니라 정치가가 되어 '썩어빠진' 정치를 바로잡아야 되겠다고 생각했습니다. 그 무렵부터 저는 동서양의 위인전과 인문학 계통의 책들을 탐독했습니다. 전쟁이 끝난 뒤 고등학교에 입학한 저는 일제시기 말에 일본인 교사에게 배운 초보적인 일본어를 밑천으로 독학하여 일문으로 된 책들을 읽었습니다. 그때 우연히 고서점에서 구입한 가와이 에이지로(河合榮治郞)의《학생과 독서》라는 책이 제 고등학교 시절의 독서에 좋은 길잡이가 되어 주었습니다.

서울에서 고등학교를 졸업한 저는 정치가가 되겠다는 소망을 달성하기 위해 서울대학교 문리과대학 정치학과에 입학했습니다. 서울대 정치학과는 한국의 많은 정치 지망생들이 선망하는 배움터였지만 저는 그곳에서 알찬 교육을 받지 못했습니다. 무엇보다도 그 학과에서 존경할 만한 교수나 매력 있는 강좌를 발견하지 못해 학문에 대한 관심과 의욕을 잃었습니다. 그곳에서 택한 교양과목 가운데 '국사'가 포함되어 있었는데 이 과목은 저에게 가장 재미가 없는 과목이었습니다. 이렇게 학교 공부에 관심이 없는 데다 그 무렵 우리 집안의 경제사정이 악화되어 저 스스로 등

록금을 마련하지 않으면 안 되는 형편이라, 저는 동분서주 아르
바이트에 시간을 빼앗겨 학교 공부를 소홀히 했습니다. 이러한
상황에서 저는 영국의 민주사회주의 — 이른바 '페이비언 사회주
의' — 를 연구하는 신진회(新進會)라는 이념 서클에 가입하여 회원
들과 사회주의에 관련된 책들을 읽고 갑론을박하는 것으로 대학
에 들어온 보람을 찾으려 했습니다. 나중에 신진회가 자유당 정
권에 의해 불법단체로 취급되어 그 회원들 가운데 열성분자가 경
찰에 구속당하는 사태가 벌어지자, 저는 제가 갖고 있던 '불온문
서'들을 모두 불태우고 군에 입대하여 체포의 위기를 면하였습니
다. 학보병(學保兵)으로 군에 입대한 저는 3개월 동안 논산 훈련소
에서 기초 군사훈련을 받은 뒤, 서울 근교 수색(水色)에 위치한 국
방연구원 번역과에 배속되었습니다. 그곳에서 1년여 동안 미국의
육군대학과 참모학교에서 쓰는 군사학 교재들을 국문으로 번역하
는 일을 하다가 제대했습니다.

　병역을 마치고 대학에 복귀한 저는 졸업을 앞두고 취직문제로
고민하던 끝에 외국 유학을 고려하게 되었습니다. 이느 날 서울대
문리대 교정 게시판에 미국의 브랜다이스대학에서 '윈 국제장학금
(The Wien International Scholarship)'이라는 전액 장학금을 줄 학생
을 모집한다는 광고를 보고 문교부가 주관하는 전형에 응시했습니
다. 다행히 저는 이 시험에 합격하여 1960년 여름, 그때까지 부정
적으로 인식하고 있던 미국으로 유학을 떠났습니다. 미국으로 떠
나기 약 두 달 앞서 서울에서 4·19 학생의거가 발생했는데, 저는

이미 대학을 졸업한 신분인지라 데모를 주도하지는 못 하고 그 대신 데모 군중을 뒤따라 다니며 그들을 격려하고, 또 인천에 내려가 제 후배가 되는 중·고등학교 학생들을 모아놓고 반(反)정부데모에 동참하라고 선동연설을 하였습니다.

미국으로 건너갈 때 저는 앞으로 정치가가 되겠다는 소박한 꿈을 여전히 간직하고 있었습니다. 그리고 미국의 대학에서는 경제학, 그 가운데서도 특히 농업경제학을 전공하여 한국의 '불쌍한' 농민들의 생활수준을 향상시키는 데 이바지하고 싶었습니다. 그런데 막상 브랜다이스대학에 도착해 보니 이 대학은 설립된 지 10년밖에 안 된 신설대학이라 아직 경제학과가 없었습니다. 하는 수 없이 저는 평소에 관심이 있었던 서양지성사와 사회학 과목들을 택하여 전액 장학금을 계속 받는 데 필요한 학점을 땄습니다.

브랜다이스대학에서 서양지성사와 사회학 과목들을 택하여 공부하는 과정에서 저는 세계적으로 유명한 석학들 — 예컨대 그 당시 미국 좌파운동의 기수였던 정치사상가 마쿠제(Herbert Marcuse) 교수, 18세기 유럽 지성사의 권위 매뉴엘(Frank E. Manuel) 교수, 그리고 미국 사회학회 회장인 코저(Lewis A. Coser) 교수 등 — 의 명강을 듣는 행운을 누렸습니다. 이를 계기로 저는 평생 처음으로 학문이 얼마나 고상한 것인지를 깨닫고 학자들을 마음속 깊이 존경하게 되었습니다. 학문과 학자에 대한 인식이 이렇게 변하자 저는 필사적으로 공부에 매달렸고 학점도 전액 장학금을 유지할 만큼 잘 받았습니다. 이렇게 되자 저는 그때까지 정치가가 되려던

'치졸한' 꿈을 버리고 훌륭한 학자가 되어 인류, 특히 한국 민족에 봉사하는 것이 오히려 더 바람직하다는 생각을 하게 되었습니다. 일단 학자가 되기로 마음먹은 다음, 저는 어떤 분야의 학자가 되는 것이 저의 배경과 적성에 맞으며 또 한국 민족에게도 도움이 되겠는가를 심각하게 고려하지 않을 수 없었습니다. 숙고 끝에 저는 엉뚱하게도 한국 역사를 전공하여 그 분야의 전문가가 되는 것이 저에게 가장 의미있고 또 직업적으로도 유리하리라고 판단하였습니다. 그때 제 나이는 만 26세였습니다.

제가 구태여 미국에 가서 뒤늦게 한국 역사를 전공하기로 마음먹은 데에는 특별한 사연이 있었습니다. 브랜다이스에 도착한 지 1년이 지난 후, 첫 학기에 저는 '종교사회학' 세미나를 택하여 평생 처음으로 '논문'이란 것을 써보게 되었는데, 그때 무슨 제목을 택하여 쓸까 궁리하던 끝에 1860년에 최제우(崔濟愚)가 창도한 동학(東學)에 관해서 써보기로 결심하였습니다. 제가 하필 동학을 제 처녀 논문의 테마로 잡은 이유는 그것이 한국 고유의 종교로서 한국인의 징체성을 대변하는 윤리체계라고 알고 있었기 때문이었습니다. 그리고 동학이 한국 역사상 최대 민란인 동학농민봉기의 사상적 배경이 된다는 점도 고려했습니다. 그 당시 저는 미국의 이질적인 다민족 문명에 노출되어 심각한 문화충격을 체험하고 있었기 때문에 동학에 관한 연구가 저의 정체성 확립에도 도움이 되리라 기대했습니다. 여하튼 저는 동학에 관한 논문을 작성하기 위해 브랜다이스대학에서 자동차로 약 40분 걸리는 거

리에 위치한 하버드대학의 동양학 도서관인 하버드-옌칭 도서관
(The Harvard-Yenching Library)을 찾아가 그곳에 비치된 동학의
기본 사료인《동경대전(東經大典)》과《용담유사(龍潭遺詞)》그리
고 동학 관련 2차 자료들을 몽땅 대출하여 철저히 읽어보았습니
다. 이 과정에서 저는 그때까지 한국의 역사 개설서와 대학 강의
를 통해 우리나라의 자랑스러운 문화유산으로 배웠던 동학 경전
이 기독교 성경이나 유교, 불교 경전들에 견주어 양적으로나 질
적으로 빈약한 데 크게 실망했습니다. 그보다도 더 저를 실망시
킨 것은 동학을 다룬 기성학자들의 논문과 저서들이 대체로《동
경대전》과《용담유사》의 내용을 아전인수(我田引水) 격으로 과대
평가함으로써 사실상 동학의 본질을 왜곡하고 있다는 점이었습니
다. 이것은 저에게 충격적인 지적 발견이었습니다. 저는 그때까지
철석같이 믿어왔던 저명한 국내 학자들의 저술이 부실하다고 느
끼면서 그러한 업적을 산출한 학자들에 대해 일종의 배신감을 느
꼈으며, 사정이 이렇게 된 까닭은 한국에서 근대적 역사학이 제
대로 발달하지 않은 탓이라고 생각하였습니다. 그 뒤 저는 하버
드-옌칭 도서관에 소장된 한국사 관련 서책들을 대충 훑어보면서
한국의 인문학 연구전통에 대한 저의 판단이 옳은지 그른지를 확
인해보려고 했습니다. 그 결과 제가 얻은 결론은 한국인은 ― 미국
이나 유럽의 선진국들은 물론 ― 중국, 일본 등 이웃 나라 사람들
에 비해 자고(自古)로 자국 역사를 등한시하고 제대로 연구하지
않았다는 것이었습니다. 저는 이것이 과거에 조선왕조가 쇠잔·멸

망한 근본 원인이며, 현대 한국이 비극으로 점철된 역사를 되풀이하지 않을 수 없었던 근인(根因)이라고 생각했습니다. 이러한 생각은 저로 하여금 한국 역사를 전공하되, 그 가운데서도 특히 현대사를 연구·서술하는 것이 한민족을 위해 제가 할 수 있는 가장 가치 있는 일이라고 확신하게 만들었습니다.

2. 한국 근대사 연구 착수 : 갑오경장 연구

동학 연구를 계기로 한국사를 전공하기로 작심한 저는 미국 안에서 동양학의 메카로 알려진 하버드대학의 동아시아학과에 입학을 서둘렀습니다. 그 당시 하버드대학 동양학 분야에서 가장 영향력이 있는 학자는 중국 근대사의 대가로서 하버드대학 부설 '동아시아연구소'의 소장직을 맡고 있던 페어뱅크(John K. Fairbank) 교수였습니다. 저는 용기를 내어 동아시아연구소로 그를 찾아가 면담하고 한국 현대사를 '개척'하고 싶으니 하버드대학 인문대학원에 입학시켜 달라고 요청했습니다. 페어뱅크 교수는 제가 브랜다이스대학에서 누구한테 어떤 과목을 이수했는지를 캐물은 다음 저를 가르친 교수들로부터 추천장을 받아오라고 했습니다. 저는 브랜다이스로 돌아가 다시 한 번 용기를 발휘하여 한때 하버드대학 교수였던 매뉴엘 교수와 마쿠제 교수에게 추천서를 부탁했습니다. 그들은 저의 학문적 실력을 높이 평가해서라기보다는 저의 불타는 학구열에 감동되었는지 흔쾌히 추천서를 써주겠다고 약속했습니다.

결과적으로 저는 미국에 유학 온 지 2년 만에 브랜다이스를 떠나 하버드대학 인문대학원으로 전학하여 그곳에서 동양학, 그 가운데 서도 특히 한국사를 전공하게 되었습니다.

하버드대학에 입학한 다음 저는 한국 현대사를 개척할 목적으로 중국 근대사와 일본 근대사 관련 과목들을 많이 택하여 공부했습니다. 그리고 틈틈이 현대 중국어[白話]와 한문 강의도 택하여 중국 문헌 독파에 필요한 어학실력을 길렀습니다. 그 당시 하버드대학에서 한국사를 가르치는 교수는 단 한 분, 즉 와그너(Edward W. Wagner) 박사가 계셨는데 그는 조선시대 족보 연구의 대가로서 대학에서 주로 족보 관련 강의와 세미나를 개설하여 가르치셨습니다. 저는 족보에 관심이 없었기 때문에 그의 과목들을 택하지 않았습니다. 그러나 나중에 박사학위 논문을 작성하는 단계에서 그는 저의 지도교수 역을 맡아주셨습니다.

하버드대학 인문대학원의 박사과정을 수료하는 데 필요한 학점 이수를 끝내고 종합시험에 합격한 직후 저는 〈이토 히로부미(伊藤博文)와 통감부(統監府)의 성립〉이라는 제목으로 박사학위 논문을 써볼 계획을 세웠습니다. 제가 이 제목을 택한 이유는 한국 현대사를 본격적으로 개척하기 위해서는 일제 식민통치사를 다루지 않을 수 없고, 그렇게 하려면 통감부 시대의 역사부터 천착하는 것이 마땅하다고 판단했기 때문입니다. 저는 이 논문 작성에 필요한 자료 수집을 위해 1년 동안 한국에 돌아와 머물면서 서울의 주요 도서관들에 소장된 통감부 관련 자료들을 발굴·조사하고 그

목록을 만들었으며, 〈이토 히로부미와 통감부의 성립〉이라는 제
목의 논문(영문)도 탈고하였습니다. 저는 이러한 결과물을 서울을
방문한 와그너 교수에게 제출하고 그의 코멘트를 부탁했습니다.
불행히도 족보연구에 푹 빠진 그는 제가 제출한 목록과 원고에
즉각적인 반응을 보여주지 않았습니다. 저는 미국으로 돌아가 와
그너 교수의 촌평을 계속 기다리면서 혼자 1905년 이전의 한·일
관계사를 탐구했습니다. 그 과정에서 저는 을사 '보호조약'이 체결
되기 10년 전에 조선은 이미 일본의 보호국으로 전락할 뻔했다는
사실을 알아내었습니다. 이 사실을 발견한 다음 저는 논문의 대
상 시기를 10년 앞당기고 그 제목도 1894년의 갑오경장(甲午更張)
으로 바꾸었습니다.

　갑오경장이란 청일전쟁(1894~1895) 기간에 일본이 조선을 강
점한 상태에서 일본 정부가 한국인 개혁파 관료들을 규합·동원하
여 추진했던 일본 지향형 제도개혁운동을 일컫습니다. 이 개혁운
동은 통상적으로 한국 근대화의 기점으로 알려져 있습니다. 그런
데 청일전쟁은 갑오(1894)년 봄에 일어난 동학농민봉기에 따라
촉발되었기 때문에 갑오경장을 다루기 위해서는 동학농민봉기부
터 살펴야만 했습니다. 말하자면 저는 갑오경장을 서술하기 위해
동학농민봉기와 청일전쟁 등을 아울러 다루지 않으면 안 되었습
니다. 갑오경장을 연구하면서 저는 《일본외교문서(日本外交文書)》
를 제일 많이 활용하였는데, 그 내용이 조선을 포함한 다른 나라
의 외교문서들에 비해 풍부하고 자세한 데 놀랐습니다. 그리고

동학농민봉기, 청일전쟁, 갑오경장 등에 관해 일본인 학자들이 이미 해방 전에 상당히 많은 연구를 축적하였음을 깨닫고 경탄을 금치 못하였습니다.

특히 저는 경성제국대학(京城帝國大學) 교수였던 일본인 역사학자 다보하시 기요시(田保橋潔)가 1940년에 출판한 《근대 일선(日鮮)관계의 연구》(상·하)라는 이 방면 연구의 기념비적 저작을 독파하고, 동시대의 우리나라 역사학자들 가운데 그에 필적하는 업적을 낸 인물이 없었음을 못내 아쉬워했습니다. 저는 다보하시 교수가 실증주의적 방법론에 입각하여 청일전쟁 전후 일본의 대한정책을 비교적 철저히 다루었지만 일본 정부의 제국주의적 침략을 호도했고 갑오경장에 참여했던 조선인 개혁관료들의 사상과 행동을 거의 무시했다고 생각했습니다. 따라서 저는 다보하시 교수가 연구한 시기의 문제를 다루되 연구의 초점을 조선 측에 두고 일본의 대한정책을 비판적으로 접근하면서 동학농민봉기와 갑오경장 등에 참여했던 조선인 지도자들의 사상과 행동을 집중 조명하였습니다. 그렇게 함으로써 다보하시의 연구 수준을 능가하는 독창적인 연구물을 산출하려고 노력했습니다. 갑오경장에 관한 저의 연구는 1970년 하버드대학 인문대학원에 제출한 〈갑오경장 : 1894년 조선-일본의 개혁노력〉(The Kabo Reform Movement : Korean and Japanese Reform Efforts in Korea, 1894)이라는 제목의 박사학위논문으로써 일단락되었습니다. 이로써 저는 미국에 유학한 지 10년 만에, 그리고 하버드대학에서 동양학 연구에 몰두한 지 8

년 만에 박사학위 논문을 탈고한 것입니다(이 학위논문은 지도교수인 와그너 교수의 특수 사정으로 2년 동안 심사가 지연되어 저는 1972년에야 학위를 수여 받았습니다). 저의 학위논문이 완성되는 데 이렇게 오랜 시간이 걸린 것은 제가 동양학이란 학문에 너무 늦게 입문한 탓도 있지만, 그에 못지않게 제가 미국에서 거의 최초로 한국 근대사에 관한 논문을 쓰는 한국인 학자로서 졸작을 남기고 싶지 않아 일부러 시간을 끌었기 때문이기도 합니다. 학위논문을 준비하고 집필하는 동안 '하버드-옌칭 연구소'는 저에게 계속 전액 장학금을 지원해 주었는데 이것이 저의 지연작전을 가능케 하였습니다.

저는 1970년에 휴스턴대학의 역사학과 전임강사로 취직한 다음 조교수와 부교수로 승진하면서 1979년까지 9년 동안 이 대학에서 중국과 일본의 근대사를 가르쳤습니다(1976년 부교수로 승진할 때 저는 휴스턴대학에서 영구재직권(tenure)을 취득하였습니다). 휴스턴대학에서 동양사를 가르치면서 저는 갑오경장에 연관된 연구를 계속하며 학위논문을 수정·보완했습니다. 그 결과 1979년 귀국을 전후하여 8편의 영문 논문을 한국학 분야의 국내·외 학술지에 발표할 수 있었습니다(부록 1 참조).

1979년에 귀국한 저는 고려대학교 인문대학 사학과 교수로서 그 대학에서 처음으로 한국 현대사를 개설하여 가르치면서 국문으로 갑오경장에 관한 논문을 집필·발표했습니다. 그 가운데 일부는 이미 영문으로 발표된 논문을 번역한 것이었지만, 대부분은 완전히 새로 쓴 것들이었습니다. 저는 이 논문들을 모아《갑오경장연구》(1990)와《동학농민봉기와 갑오경장》(1998)이라는 두 권의 단행본으로 출판했습니다. 그 가운데《갑오경장연구》는 제가 고려대학교에서 가르친 아키쓰키 노조미(秋月望)와 히로세 데이조(廣瀨貞三) 등 두 일본인 교수에 의해 일본어로 번역되어, 2000년에《日淸戰爭期の 韓國改革運動 : 甲午更張硏究》라는 제목으로 호오세이대학출판국(法政大學出版局)에서 출판되었습니다(〈한국의 학술과 문화 [총서] 3〉).

3. 한국 현대사에 도전 : 이승만 연구

이상과 같이 저는 1960년대 초부터 약 30년 동안 갑오경장 연구에 전념했습니다. 이렇게 19세기 후반의 한국사 연구에 몰두해 있던 저에게 1994년 정초 어느 날 중요한 사건이 발생했습니다. 그날 대한민국 초대 대통령 이승만 박사의 양자인 리인수(李仁秀) 교수가 자기 집 - 이화장(梨花莊) - 으로 저를 초대하여 그곳에 비장된 이승만 문서들을 내보여주면서 그것들을 정리해달라고 요청한 것입니다. 그날 저는 처음으로 이화장에 소장된 이승만의 영문 일기, '하버드 앨범(사진첩)', 초서로 쓰인 한문 간찰(簡札), 그리고 타이핑된 영문 서한문 등을 살펴보고 그 자료들의 양과 질에 깜짝 놀랐습니다. 저는 그 문서들이 한국 현대사 연구에서 관건적 중요성을 지닌 국보적 자료들임을 직감했습니다. 저는 한국의 역사학자로서 '건국 대통령'의 문서를 제 손으로 직접 다룬다는 것은 커다란 영예라고 생각했습니다. 동시에 저는 그 자료들을 정리·연구함으로써 '독재자'로 낙인찍힌 이승만이 실제로 어떤 인물이었는지를 확인하고 싶었습니다. 여하튼 저는 그날 리인수 박사의 요청을 즉석에서 수락했습니다. 다음 날 저는 춘천으로 달려가 봉직하고 있던 한림대학교에 보직(대학원장직) 사퇴서를 제출하고 연구년을 신청하였습니다. 다행히 한림대학교 당국은 저의 청을 받아들여 보직 면직과 동시에 1995년 2학기부터 1년 동안 연구년을 허락했습니다. 이후 저는 지금까지 12년 동안 이승만 문서의 정리와 그 내용 분석에 매달려 있습니다.

오랫동안 19세기 한국사 연구에 전념했던 제가 갑자기 연구 방향을 바꾸어 이승만 연구에 몰입하게 된 데에는 이승만 문서에 대한 호기심 그리고 건국 대통령의 문서를 제 손으로 다룬다는 공명심 따위의 감상적 이유 이외에 좀 더 중요한 학문적 동기가 작용했습니다. 첫째, 저는 앞에서 누차 시사한 바와 같이 미국 유학 이전에 이승만 대통령을 '부패·무능한 독재자'라고 여겼었습니다. 그랬던 제가 하버드대학에서 중국과 일본의 근대사 및 19세기 말 조선의 역사를 깊이 연구하는 과정에서 이승만에 대한 평가를 달리하게 되었습니다. 제가 하버드-옌칭 도서관에 소장된 이승만의 처녀작 《독립정신》(1910)을 정독한 것이 그렇게 된 첫 계기였습니다. 저는 이 책을 읽고 그것이 19세기 말~20세기 초 한국인이 저술한 책 가운데 백미라고 생각했습니다. 그 뒤 저는 이승만이 1905년부터 1910년까지 미국에 유학하면서 조지 워싱턴, 하버드 및 프린스턴 등 3개 명문대학에서 학사·석사·박사 학위를 모두 5년 이내에 취득한 사실을 알아내고 그의 비상한 능력을 높이 사게 되었습니다. 그리고 또 이승만이 오랫동안 독립운동에 투신한 끝에 일제의 식민지 통치로부터 갓 해방된, 여러모로 취약하고 혼란스럽기 짝이 없는 나라에 대한민국이라는 근대국가를 건설한 것을 역사에 보기 드문 업적이라고 생각하게 되었습니다.

둘째로, 저는 브랜다이스대학에서 하버드대학으로 전학할 때 품었던 한국 현대사를 '개척'하겠다는 포부를 잊지 않고 이 초심(初心)에 충실하고 싶었습니다. 즉, 저는 언젠가 갑오경장 관련 연구를 종결하고 20세기 한국사 연구에 착수하고 싶었습니다. 저는 '구한말'의 역사를 연구하면서 그 당시 우리나라 형편이 여러 면에서 비참하기 이를 데 없었다는 사실을 발견했기 때문에, 제가 그처럼 불행한 역사를 평생 직업적으로 다룰지에 대해 회의감 또는 자괴감을 느끼고 있었습니다. 따라서 저는 기회가 주어진다면 언젠가 좀 더 자랑스러운 제목을 택하여 한국사를 연구하고 싶었으며 이승만 연구가 이러한 저의 깊은 내면적 욕구를 충족시켜 줄 것이라고 기대했습니다.

셋째로, 저는 1980년 커밍스(Bruce Cumings) 교수의 저서 《한국전쟁의 기원》의 발간을 계기로 미국 외교 사학계에서 개발된 '수정주의'사관이 한국에 유입되면서 한국 지성계에 반미·친북의 논리가 확산되고 나아가 한국 현대사 연구자들 사이에 대한민국의 정통성에 회의를 나타내는 학풍이 세차게 일어나자 수정주의류의 외래 사상이 한국 지성계를 그렇게 쉽사리 석권할 수 있었던 것은 해방 이후 한국의 역사학계가 대한민국 건국사를 제대로 연구하지 않았기 때문이라고 생각했습니다. 따라서 저는 대한민국 건국 이래 아무도 거들떠보지 않은 초대 대통령 이승만에 대한 연구를 본격적으로 시도함으로써, 이승만 주도 아래 세워진 대한민국의 정체성을 확인하거나 부인하는 논의에 한국의 역사학자로서 일정한 기여를 하고 싶었습니다.

이상과 같은 동기로 이승만 연구에 착수하게 된 저는 1994년 5월 이화장 구내에 '우남사료연구소(雩南史料硏究所)'를 차리고 리인수 박사가 저에게 건네 준 약 15만 장의 이승만 문서를 복사·분류·정리하는 작업을 개시하였습니다. 이화장에서 1년 이상 이러한 작업을 하다 보니 이승만 문서를 모두 정리하여 편집·출판하려면 애당초 예상했던 것보다 훨씬 더 많은 시간과 인력 그리고 자금지원이 필요함을 깨달았습니다. 그리고 저는 이렇게 어려운 작업을 완결하기 위해서는 직장을 춘천에서 서울로 옮기지 않으면 안 된다고 생각했습니다. 결국 1996년 봄, 저는 한림대학교를 떠나 석좌교수직을 제의해 온 연세대학교로 직장을 옮겼습니다. 그리고 이듬해(1997) 8월에 삼성 그룹으로부터 재정 지원을 받아 연세대학교에 '현대한국학연구소'를 설립했습니다. 저는 그 연구소의 초대 소장직을 맡은 다음 리인수 박사를 설득하여 그

해 11월에 이승만 문서를 '영구 보존이 가능한' 연세대로 이관하였습니다.

연세대 현대한국학연구소의 창립 소장으로서 저는 이승만 문서의 정리·편찬·출판을 연구소의 최우선 연구과제로 설정하고 우남사료연구소에서 개시한 작업을 계속하였습니다. 그 결과 현대한국연구소는 1998년에 《이화장소장 우남이승만문서 동문편(梨花莊所藏 雩南李承晩文書 東文篇)》 전 18권을, 2000년에 《우남이승만문서 전문편(電文篇)》 전 4권을, 그리고 2001년에 The Syngman Rhee Presidential Papers, 1948-1960 : A Catalogue를 출판할 수 있었습니다. 이 작업의 일환으로 현대한국학연구소는 올 겨울에 《이승만동문서한집(李承晩東文書翰集)》 전 3권을 발간할 예정입니다.

이상과 같은 문서 정리 작업에 병행하여 저는 연구소 소장－2001년 이후에는 '우남문서 편집위원장' － 으로서 두 차례 이승만 관련 국제학술회의를 개최했으며 그 결과 2000년에 《이승만 연구 －독립운동과 대한민국 건국－》(유영익 편, 연세대학교 출판부) 그리고 2005년에 《이승만대통령 재평가》(유영익 편, 연세대 출판부)를 출판하였고, 또 Syngman Rhee : The Prison Years of Young Radical (Chong-Sik Lee, Seoul : Yonsei University Press, 2001), Master of Manipulation : Syngman Rhee and the Seoul-Washington Alliance, 1953-1960 (Stephen Jin-Woo Kim, Seoul : YUP, 2001) 및 The Spirit of Independence : A Primer of Korean Modernization and Reform (Syngman Rhee, translated, annotated and with an Introduction by Han-kyo

Kim, Honolulu : University of Hawaii Press and Seoul : The Institute for Modern Korean Studies, Yonsei University, 2001) 등 전간서 (monograph)의 출판을 지원하고 감수하였습니다. 이러한 연구소 차원의 연구 작업을 진행하면서 저는 1996년에《이승만의 삶과 꿈 － 대통령이 되기까지 －》(중앙일보사)와 2002년에《젊은 날의 이승만 － 한성감옥 생활(1889-1904)과 옥중잡기 연구》(연세대 출판부)라는 두 권의 개인 저서를 출판했고 여러 편의 이승만 관련 논문들을 발표했습니다(부록 2 참조).

맺음말

저는 현재 활동하고 있는 한국사 전공 외국인 역사학자들 가운데 런던대학교의 한국사 담당 교수로서 '유럽 한국학 학회'의 회장직을 역임한 도이힐러(Martina Deuchler) 박사를 가장 아끼고 존경합니다. 저와 하버드대 동창이기도 한 그녀는 *Confucian Gentlemen and Barbarian Envoys : The Opening of Korea, 1875-1885* (Seattle and London : University of Washington Press, 1977)와 *The Confucian Transformation of Korea : A Study of Society and Ideology* (Cambridge, MA : Council on East Asian Studies, Harvard University, 1992) 등 명저로써 세계적인 명성을 획득한 석학입니다. 그런데 그녀는 약 15년 전 환갑 무렵에 서울서 저를 만났을 때 저에게 "한국 역사 연구가 이렇게 어려운 것임을 〔젊었을 때〕 미리 알았더라면 나는

결코 한국 역사를 전공하지 않았을 것이다"라고 고백한 바 있습니다. 그 말을 듣고 저도 동감이라고 대꾸했었습니다. 한국 근·현대사 연구에 도전한 지 어언 44년이 지난 오늘, 저는 도이힐러 박사의 푸념대로 한국 역사 — 가운데서도 특히 한국 현대사 — 를 연구·서술하는 것이 세상만사 가운데 가장 어려운 일의 하나라고 생각합니다. 이 연구를 만족스럽게 수행하기 위해서는 외국어만도 한문, 영어, 일본어, 그리고 러시아어 등 수 개 국어를 '정확하게' 해독할 수 있어야 하기 때문입니다.

돌이켜 보건대 제가 만 26세의 나이에 하버드대학 인문대학원에 입학하여 한국사 연구를 시작한 것은 역사가가 되는 정상적 내지 이상적 수순은 아니었습니다. 1960년대에 우리나라와 우리집안의 형편이 좀 더 부유하고 또 한국의 고등 교육수준이 좀 더 높았더라면 저는 그때 그러한 무리를 범하지 않았을 것입니다. 한마디로, 제가 만학으로 한국 현대사 연구에 뛰어든 것은 제가 태어난 환경과 자라난 시대의 불운과 밀접한 관계가 있습니다. 여하튼 저는 1962년에 한국 현대사를 개척하겠다고 작심한 이래 지금까지 초지일관 최선을 다해 한국 현대사 연구에 전념해왔습니다. 그 결과 오늘 이 자리에서 '역사가의 탄생'이라는 주제의 분에 넘치는 강연까지 할 수 있게 되었습니다. 여기에 이르기까지 저와 제 가족이 저의 학문 활동을 위해 지불한 희생의 대가는 너무나 컸습니다. 그러나 저는 한국에 태어나 한국 현대사를 연구함으로써 미력이나마 조국에 봉사할 수 있었던 것에 대해 저의 운명을 좌우하는 하나님께 감사할 뿐입니다.

제가 한국의 역사학자로서 이룩한 업적은 미미하기 짝이 없습니다. 그러나 제가 역사학계에서 인정받을 만큼의 학문적 업적을 달성할 수 있었던 것은 무엇보다도 1960년부터 10년 동안 미국의 브랜다이스대학과 하버드대학에서 전액 장학금을 받으면서 훌륭한 교수들 밑에서 '완벽한' 도서관을 활용하며 동양사와 한국사 연구에 전력투구를 했기 때문에 가능했다고 생각합니다. 달리 말하자면, 제가 만학으로 미국에서 '역사가'로 '탄생'한 것은 ① 한국 현대사를 탐구하겠다는 강한 의지, ② 장기간에 걸친 풍족한 장학금 수혜, ③ 훌륭한 교수들의 가르침, ④ 완벽한 연구시설(도서관) 등 네 가지 조건이 충족되었기 때문이라고 생각합니다. 그리고 저는 이 네 가지 조건이야말로 시공(時空)을 초월하여 한 '역사가'가 '탄생'하기 위해 필요한 최소한의 요건이라고 생각합니다.

부록 1 유영익 교수의 갑오경장 관련 영문 논문

1974 "An Analysis of the Reform Documents of the Kabo Reform Movement." *Journal of Social Sciences and Humanitis* (Seoul) 40, pp. 29~85.

1977 "The Reform Efforts and Ideas of Pak Yŏng-hyo, 1894-1985." *Korean Studies* (Honolulu : University of Hawaii) 1, pp. 21~61.

1981 "Korean-Japanese Politics behind the Kabo-Ŭlmi Reform Movement, 1894 to 1896." *The Journal of Korean Studies* (Seattle : University of Washington) 3, pp. 39~81.

1984 "Minister Inoue Kaoru and the Japanese Reform Attempts in Korea During the Sino-Japanese War, 1894-1895." *The Journal of Asiatic Studies* (Seoul : Korea University) 27:1, pp. 145~186.

1984 "Yüan Shih-k'ai's Residency and the Korean Enlightenment Movement, 1885-94." *The Journal of Korean Studies* (Seattle : University of Washington) 5, pp. 63~107.

1987 "The Conservative Character of the 1894 Tonghak Peasant Uprising." *The Journal of Korean Studies* (Seattle : University of Washington) 5, pp. 63~107.

1987 "Dynamics of the Korean Enlightenment Movement, 1879-1889." 《清季自彊運動研討會論文集》 (臺北 : 中央研究所) 上,

pp. 589~620.

1990 "The Conservative Character of the 1894 Tonghak Peasant Uprising." *The Journal of Korean Studies* (Seattle : University of Washington) 7, pp. 149~180.

부록 2 유영익 교수의 최근 3년간 이승만 관련 논문

2003 〈3·1 운동 후 서재필의 신대한(新大韓) 건국 구상〉, 김용덕 등 편, 《서재필과 그 시대》(서울 : 서재필기념회), 325~402쪽.

2005 〈한미동맹 성립의 역사적 의의〉, 《한국사시민강좌》 36, 140~180쪽.

2006 〈이승만 국회의장과 대한민국 헌법 제정〉, 《역사학보》 189, 101~137쪽.

2006 〈이승만 대통령의 업적 - 거시적 재평가 - 〉, 유영익 편, 《이승만대통령 재평가》(연세대 출판부), 475~576쪽.

제6회 한·일 역사가 강연회
_한국 서울(2007)

농업사(農業史)로 진로를 정하기까지
김용섭(金容燮)

러시아, 조선, 그리고 일본
와다 하루키(和田春樹)

농업사(農業史)로 진로를 정하기까지

김용섭(金容燮)

대한민국학술원 회원

1. 서

저는 평생 우리 역사, 우리 농업사를 연구하고 후진을 지도하
며 살아왔습니다. 제가 이렇게 살아올 수 있었던 것은, 저의 연구
주제에 대한 기호 때문만이 아니었습니다. 그것은 전적으로 다음
과 같은 두 가지 사정에 연유하고 있었습니다.

그 하나는 저의 성장기에 제가 직접 그 속에서 살아온 우리 농
촌, 우리 농민의 너무나도 열악한 상황이 마음에 새겨져, 저로 하
여금 뒷날 이 문제를 학문적·역사적으로 다루지 않을 수 없도록
한 점이었습니다. 그리고 다른 하나는 저의 유소년시절 성격형성
기에 받은 우리 아버지의 자식사랑, 자식교육, 자식의 장래에 대
한 진로지도 때문이었습니다. 당연히 이 두 사정을 종합하여 하

나의 학문세계로 이끌어 준 것은 학교교육이었습니다.

2. 시국과 우리 집

저는 일제의 조선지배가 농촌사정을 더욱 어렵게 하는, 1930년
대로 접어든 때에 강원도 산촌에서 태어났습니다. 강원도와 황해
도 농촌의 이곳저곳으로 자주 이사를 하는 가운데 성장하였습니
다. 이때는 지주제와 일본자본주의의 농촌지배가 절정에 달하였
습니다. 지주제의 확대·강화는 농민층의 몰락을 초래하고, 도처에
서 소작쟁의와 사회주의 농민운동을 발생케 하였으며, 몰락농민
들을 남부여대하여 만주로 만주로 유망케 하였습니다.

더욱이 이때에는, 일제가 군사적으로 만주국을 세우고, 중국본
토를 침략하기 위한 중일전쟁을 감행하였습니다. 그리고 이어서
1940년대에 들면서는 미·영을 대상으로 하는 태평양전쟁을 전개
하였습니다. 그러므로 조선은 일본제국주의의 침략전쟁 수행을
위한 후방기지가 되었으며, 여기에 일제의 조선통치정책은 하나
하나 전시체제로 개편되어 나갔습니다.

전시체제의 특징은, 정치·경제·사회·사상 등 모든 면에서 제약
과 통제를 가하고, 조선의 언어·문자·역사 등 고유문화를 말살하
고 그 교육과 연구를 금지하며, 성씨를 일본식으로 바꾸고 일상
적으로 일본어를 쓰도록 하는 것이었습니다. 게다가 학생들은 매
일 아침, 어른들은 집회 때마다 궁성요배를 하고 황국신민서사를

강요함으로써, 조선인의 일본인화, 조선문화의 일본문화화를 강제하며, 일본제국을 위해 징병·징용 등 생명도 내놓을 것을 요구하는 것이었습니다.

우리 집은 자주 이사를 하였는데, 이는 아버지의 직업 때문이었습니다. 아버지는 청년기까지는 한학을 공부하셨습니다. 그리고 말씀은 안 하셨지만, 훈장은 힘든 직업이라고 여러 번 언급하셨고 저에 대한 학습지도가 조직적 체계적이었던 것을 보면, 청년기에는 한때 한학 훈장도 지내셨던 것 같습니다. 그러시다가 1920년대 중반부터는 한옥을 짓는 대목으로 직업을 전환하셨습니다. 그러나 농촌에서 집 짓는 일이 늘 있을 수는 없으므로 소작지를 얻어 겸업으로 농사를 짓기도 하셨습니다.

어머니는 벼농사를 주로 하는 수전지대의 규모가 아주 큰 대농 집안의 따님이셨습니다. 조용한 성품의 어머니는, 친정집과 같이 땅을 좀 사서 자작농으로 정착해 사는 것이 소망이셨습니다. 그러나 아버지는 그렇게 하지 않으셨습니다. 젊은 시절의 아버지는, 일제하의 울분 때문에 그렇게 한곳에 앉아 안정만을 추구할 수가 없었던 것으로 생각됩니다.

아버지의 한학 공부는 경학이나 시문보다는 경세학과 사서(史書)를 많이 읽으신 것 같았습니다. 공자보다는 맹자를 좋아하시고 자주 말씀하셨으며, 주역도 수시로 말씀하셨습니다. 철이 들면서 아버지 말씀하시는 것을 들으면, 그리고 지금 그것을 다시 생각하면, 아버지는 세상 돌아가는 이치를 다 알고 계신 것 같았습니

다. 세상은 변하게 마련이고 따라서 국가도 영원할 수 없다고 하
셨습니다. 그러나 나라가 망하더라도, 그 민(民)이 정신을 잃지 않
으면, 그 국가는 그 민들의 손으로 언젠가는 다시 새로운 국가로
재건된다고 하셨습니다.

저는 태어날 때부터 허약하고 병약하여 살 가망이 없는 아이였
다고 합니다. 아버지의 자식사랑과 노력으로 살아나기는 하였지
만, 이 아이는 선천적으로 허약한 체질이었으므로, 아주 건강한
소년이 되기는 어려웠습니다.

3. 아버지의 교육 지도

1930년대 조선의 일본화과정 속에서, 아버지의 자식교육에는
대원칙이 있으셨습니다. 이 아이가 신교육을 받더라도 일본인이
되어서는 안 되고, 조선 사람으로서 성장하고 장차 조선을 위해
서 일할 수 있어야 한다는 점이었습니다. 그렇지만 철없는 어린
아이들을 학교에만 맡겨 놓으면, 그 아이의 일본인화가 우려되므
로, 우리 집의 경우 우선은 이 아이를 소학교에 보내 수학을 시키
되, 그가 조선 사람임을 잊지 않도록 가정지도를 하고, 그 다음은
세상 돌아가는 정세를 보면서 정하기로 하셨습니다.

(1) 우리는 누구인가

저는 학교교육을 소학교에 들어가기 전에, 이웃 마을에서 어느

청년이 마을 공회당과 조그만 교회를 빌려 운영하는 어린이 교실에 다니는 데서부터 시작하였습니다. 하루는 구경을 가서 교실 창틀에 매달려 공부하는 것을 들여다보았고, 아버지께 그 말씀을 드렸더니, 아버지는 한참 생각하신 끝에, "거기 다니고 싶으면 다녀도 된다"고 하셨습니다. 선생님은 다정한 분이었습니다. 저는 이 교실이 마음에 들었고 나날이 즐거웠습니다.

그러나 이 교실은 오래 지속되지 못하였습니다. 대사건이 터졌기 때문입니다. 하루는 경찰제복을 입고 칼을 찬 일본인 순사 두 사람이 선생님을 잡으러 왔습니다. 선생님은 순사들에게 "잠시 기다리라" 하시고 댁으로 가서 정장을 하고 돌아왔습니다. 검은 교복을 입고 사각모자를 쓴 대학생(혹은 전문학교 학생)이었습니다. 선생님은 당당하셨습니다. 학생운동, 애국운동을 하는 학생이었습니다. 저는 그 선생님이 그렇게 위대해 보일 수가 없었습니다. 선생님은 어린이들에게 "여러분 열심히 공부하고 훌륭한 사람이 되어야 해요" 하시고 손을 번쩍 들어 흔들며 순사에게 연행되어 갔습니다. 아이들은 울었습니다. 저도 눈물이 흘렀으나 어금니를 물었습니다. 두 주먹을 쥐고 부르르 떨었습니다. "일본 순사가 왜!?" … 저는 허공에 소리를 질렀습니다.

이때 이 어린이 교실에 다닌 것은 잠시였지만, 그러나 이때의 충격은 제가 세상에 태어나서 처음 겪게 된 큰일이었습니다. 이 일은 그 뒤 저에게 '우리는 누구인가'를 생각하게 하는 계기가 되었습니다. 철부지 아이에서 조금은 무엇인가를 생각하는 아이가 되게 하였습니다. 평생을 살아오면서 이때의 일은 결코 잊을 수가 없었습니다.

소학교 과정에서도 '우리는 누구인가'를 생각토록 하는 일이 몇 번인가 있었습니다. 태평양전쟁이 한창일 때, 일본은 싱가포르를 함락하고 전승을 자축하는 뜻으로 그곳에서 탈취한 고무로 수십만(?) 개의 테니스공을 만들어 소학생들에게 한 개씩 나누어 주었습니다. 아이들은 환호하였고, 저도 고무공을 받아가지고 돌아가 아버지께 그 연유를 말씀드렸습니다.

아버지는 학교에서 배우는 "지리부도를 가져오너라" 하시고 "일본과 조선은 어디냐, 독일, 이태리는 어디냐, 그리고 만주·중국·미국·소련은 어디냐, 영국은 얼마나 큰 나라냐?" 하시며 지리부도에서 지적해보라고 하셨습니다. 그리고 한참 침묵이 흐른 다음, "그러면 이 조그만 일본이 이 거대한 미·영, 중국을 이길 수 있을까?" 하셨습니다. 저는 대답을 못했습니다. 이 엄청난 거대국가들과 하는 전쟁에서 일본은 결코 이길 수 없을 것이라고 생각하였습니다. 그리고 당연한 귀결로 그러면 '우리는 어떻게 될까' 하는 것이 궁금해졌습니다. 저는 이제 '우리는 누구인가'와 더불어 '우리는 어떻게 될까'를 고민하는 아이가 되어갔습니다.

이 밖에 아버지는 조선어 과목이 없어졌을 때는, 어른들이 읽는 한글로 된 소설 《삼국지》를 읽게 함으로써, 우리글을 익히고 '우리는 누구인가'를 잊지 않도록 하셨으며, 체조시간에 새로 목검술이 도입되었을 때는, '일본도'를 쓰지 않고 손수 만드신 '특별검(조선검)’을 쓰도록 함으로써, 우리 자신을 놓치지 않도록 하셨습니다.

(2) 아버지의 적성검사 - ‘너는 할 일이 따로 있다’

아버지는 저를 우선은 소학교 교육만 받게 하고, 그 다음은 그 다음에 전개되는 정세를 보아 결정하기로 하셨으므로, 《삼국지》를 읽게 하실 때부터는, 이 아이가 세상에 나가면 무엇을 할 수 있겠는지, 제 장래의 직업과 진로에 관하여 적성검사를 하셨습니다. 아버지가 이루지 못한 꿈[학문, 정치]을 이 아이를 통해서 이룰 수 있을까 하는 기대도 크셨던 것으로 여겨집니다. 아버지의 적성검사는 4학년에서 6학년에 이르는 사이 여러 가지 방법으로 시행되었습니다.

첫 번째는 이 아이에게 난세를 뚫고 나갈 수 있는 정치가적인 소질이 있겠는지, 두 번째는 제게 대목[건축가]이 될 수 있는 예술가적인 재능이 있는지, 세 번째는 제가 농사일은 제대로 할 수 있겠는지 등을 검사하셨습니다. 모두 낙방이었습니다.

네 번째는 제가 또 다른 적성검사를 자청하였습니다. 저는 ‘아무것도 할 수 있는 일이 없구나’ 하여 실망하였고, 아버지께 죄송스러웠습니다. 그래서 며칠을 궁리한 끝에, “아버지 제가 장사를 배워서, 거상[대실업가]이 되면 어떨까요” 하고 여쭈었습니다. 아버지는 크게 웃으시며, “네가 걱정이 되는 모양이구나, 그러나 걱정할 것 없다. 너의 성격은 장사일이나 실업가에는 전혀 맞지

않는다. 너는 할 일이 따로 있다"고 하셨습니다. 아버지는 그동안
의 시험과는 관계없이, 이미 저의 적성·직업·진로를 파악해 놓고
계신 것 같았습니다.

아버지는 이때 '그 따로 할 일'이 무엇인지 말씀하시지 않았지
만, 제가 짐작하기에 그것은 아마도 학문의 길이 아니었을까 생
각되었습니다. 그래도 아버지는 '너는 학문을 하라'고는 하지 않
으셨습니다. 아버지가 이 말씀을 하신 것은, 그 뒤 7, 8년이 지나
고서(211면 참조)의 일이었습니다. 아버지는 장기간 기다리시며,
이 아이를 학문하는 길로 유도하고 점검하시었습니다. 이는 제가
학문으로 가는 수련과정이었습니다.

(3) 견문을 넓히고 - '우리는 누구인가'의 확인

그 유도는 무엇보다도 견문을 넓히고, '우리는 누구인가'를 더
확인시키는 일이었습니다. 이 일은 두 차례 있었습니다.

첫 번째는, 제가 1943년 4월(6학년 시절) 일본 학습여행에 참여
할 것을 허락하신 일이었습니다. 이때는 일본이 조선에 대한 일
본화정책을 강화하던 때였습니다. 그리고 이러한 정책과 관련해
서는, 앞으로 키워서 이용할 소학생들을 '성지참배'의 이름으로
일본국, 일본문화를 학습여행시키던 때였습니다. 옛날 왕자님(영
친왕은, 일본에서 이왕(李王)전하라고 일컬었다)도 방문하도록 되어
있었습니다. 아버지는 '성지참배'라는 명칭이 마음에 안 드셨지만
"견문도 넓히고 왕자님께 큰절로 인사도 드리고 오너라" 하시며

허락하셨습니다.

60여 년이 지난 지금까지도, 이 여행에서 기억에 삼삼하게 남아있는 몇 가지가 있는데, 그것은 교과서에서 배운 사실과는 별도로, 제가 당시의 일본을 이해하는 데 기초가 되었습니다. 그런 가운데, 저는 '우리는 누구인가'의 문제와 관련하여, 그리고 아버지의 말씀도 있어서, 왕자님이 특히 궁금하였습니다. 의문도 없지 않았지만, 그래도 이분이 옛 조국의 왕자님이시기를 바라는 마음 간절했습니다. 소년들은 왕자님이 아무 말씀을 안 하시더라도 손을 꼭 잡아주시기를 기대했습니다.

그리니 그리한 꿈은 이루어지지 않았습니다. 학생들 일행이 왕자님 관저에 도착했을 때는 왕자님의 점심시간이었고, 학생들은 현관에서 왕자님의 식사가 끝나기까지 한 시간쯤 서서 기다려야 했습니다. 그리고 이분을 만나 뵌 시간도 단 1분 정도이었습니다. 학생들이 군복 차림의 왕자님께 경례를 하자, 왕자님은 "일부러 와주어 고맙다"(일본어) 하시고 돌아서 나가셨습니다. 학생들도 인솔교사도 모두 어안이 벙벙하였으며, 저는 앞에 나가 큰절을 올릴 틈도 없었습니다. 선생님과 학생들은 착잡한 마음을 안고 말없이 그곳을 나왔습니다. 우리들 조선 사람은 한없이 작아지고 땅 밑으로 바다 속으로 가라앉는 기분이었습니다.

저는 '우리는 누구인가'를 둘러싼 냉엄한 현실을 뼈저리게 경험하고, 많은 것을 생각하게 되었습니다. 새삼 '나라란 ……, 왕이란 ……' 하시던 아버지 말씀이 생각났습니다.

두 번째는, 제가 1944년 봄 소학교를 졸업하고, 아버지의 교육 계획에 따라 견문을 넓히는 범위를 만주로 확대해나간 일이었습니다. 아버지께서는 "만주에서 잠시라도 살다보면, 네가 궁금해하는 문제에 관하여 많은 것을 들을 수 있을 것이다"라고 하셨습니다.

제가 만주에서 정착한 곳은 장춘[당시의 신경(新京)]이었습니다. 여기서 해방될 때까지 약 1년 반을 지냈는데, 그동안에 저는 아버지 말씀대로, 조선에서는 모르고 있었던 많은 것을 보고 듣고 알게 되었습니다.

저는 자립해야 했으므로 직장도 구하고 직업교육도 받아야 했습니다. 직장은 한두 가지 일을 해본 다음, 어느 조그만 출판사에서 일을 하게 되었습니다. 여기서 저는 용정에서 오신 김 선생님이란 분을 만났고, 선생님으로부터 이런저런 말씀을 들을 수 있었습니다.

김 선생님의 말씀은, 대충 다음과 같은 내용이었습니다. ① 우리가 지금 살고 있는 만주는 옛날에는 우리들의 조상들이 고구려, 고조선을 건설하고 살았던 곳이다. ② 일제가 우리나라를 침략한 뒤에는 많은 애국지사들이 만주를 기지로 독립운동 무장투쟁을 하였다. 3·1 운동 이후에도 해외에서 한 독립운동은, ③ 상해 - 중경에 김구·김규식, 미국에 이승만 ④ 만주 - 소련에 김일성, 연안에 김두봉 등이 있어서 조국의 독립을 위해 일제와 싸우고 있다. 그리고 ⑤ 조선 안에서는 여운형, 안재홍, 박헌영 등의 인사들이 국권회복을 위해서 노력하고 계시다는 것이었습니다. 과묵한 분으로 조용하게 띄엄띄엄 다져가며 말씀을 하시는 것 같았습니다.

저는 소학교 시절에 그렇게도 궁금하였던 문제들이 확 풀리는 것 같았습니다. '우리는 누구인가', '우리는 어떻게 될까'와 관련하여, 조선 사람들은 다 죽지 않고 살아있었구나 하고 기뻤습니다. 일본, 만주의 견문은 저에게 절망과 희망의 양면을 확인시켜 주었습니다.

4. 참 교육은 이제부터다 '너는 학문을 하라'

해방이 되고 저는 곧 고향으로 돌아왔습니다. 아버지는 해방된 다음에 제가 해야 할 일을 이미 계획해 놓고 계셨습니다. "앞으로 사회는 한동안 혼란할 것이지만, 그러나 결국은 국가가 세워질 것이다. 너는 새로운 시대, 새로운 국가에 쓸모 있는 사람이 되어야 한다. 그러려면 서울로 올라가 공부를 해야 할 것이다. 네가 받아야 할 '참 교육은 이제부터다'" 하시며, 준비가 되는 대로 상경하라고 하셨습니다.

해방은 실로 큰 변동이었습니다. 그 가운데서도 교육은 비교적 이른 시기에 일제 아래의 일본화 교육체제에서 탈피하여, 해방된 신국가를 위한 서구식 교육체제로 재건되어 나갔습니다. 우리 문화에 대한 교과목이 중요한 과목으로 설치되고, 이를 통해서 민족문화가 강조되었습니다.

그러나 그러한 학교교육에도 문제가 없었던 것은 아니었습니다. 모든 교과목에서 유능한 전문 교사가 부족하였음은, 그 가운데서도 두드러진 일이었습니다. 학교교육이 하루가 다르게 과도한 정치성을 띠게 된 것은 이 시기 교육의 큰 특징이고 단점이었습니다. 중학교에는 학도호국단이 설치되고 군사훈련을 실시하였습니다.

저는 학교공부를 소홀히 한 것은 아니었지만 학교공부에만 매달리지는 않았습니다. 어릴 때부터의 관심사와도 관련하여, 특히 국어과목에 많은 흥미가 있었던 것 같습니다. 우리 역사에도 관심이 많았지만 이를 전공한 훌륭한 선생님을 중학교 과정에서 만나기는 어려웠습니다. 그 대신 우리 역사와 사회과학 관련서적을 많이 사서 읽었습니다.

해방에서 6·25까지는 혼란한 시기였지만 그래도 그러한 어려운 시기에, 제가 그 뒤 역사학을 할 수 있도록 학문하는 방법을 훈련받고, 제가 택할 학문의 방향으로 저를 이끌어 주신 선생님을 만날 수 있었음은 행운이었습니다.

앞의 일은, 노련한 국어 선생님의 지도를 받을 수 있었던 것입니다. 선생님은 "국어 공부는 결국 자기의사를 정확히 표현하고, 글을 논리적으로 잘 쓰기 위해서 하는 것"이라고 하시며, 여러 가지 훈련을 시켰습니다. 그 가운데에는 학생들을 두 편으로 나누어 토론회를 갖도록 한 일도 있었습니다. 중학교 3학년인가 4학년 때였는데, 주제는 사람이 살아가는 데 중요한 것은 '운명이냐 노력이냐'에서, 어느 쪽이겠는가 하는 것이었습니다.

저는 '인생은 노력이다' 편에 서서 발표를 하였고, 마지막 두 학생이 결전을 벌이는 데까지 올라갔습니다. 저와 맞수가 되어 '인생은 운명이다'를 발표한 학생은 교회에서 훈련을 받은, 말을 아주 잘하는 학생이었습니다. 이때 저는 이 주제의 토론을 위해서 여러 달 몰두하였으며, 여러 가지 자료를 나름대로 광범하게 수집하여 실증적·논리적으로 논지를 전개했습니다. 개인의 경우, 민족의 경우, 국가의 경우 어느 경우를 보더라도, 노력 없이는 이 세상에서 살아남을 수 없음을 강조하였습니다.

국어 선생님은 토론회의 성과에 만족하셨으며, 아버지도 그간 제가 이 일을 위해서 동분서주하는 것을 보고 계셨으므로, 그 결과에 대한 말씀을 들으시고 좋아하셨습니다. 아버지는 이때의 일로 저에게서 '학문을 할 수 있겠구나' 하는 가능성을 보시는 것 같았습니다.

나음은 경제학 선생님의 역사학 강의를 들을 수 있었던 것입니다. 선생님은 대학에 계셔야 할 분이었으나, 기회를 놓치고 중학교에 계셨습니다. 5학년 말인가 6학년 초인가 싶은데, 하루는 빈 시간에 특강 차 들어오셨습니다. "오늘은 학생들 궁금한 문제가 있으면 무엇이든 물으라"고 하셨습니다. 저는 손을 들고 늘 궁금하게 여겼던 문제를 여쭈었습니다. "선생님 저는 역사학에 관심이 있는데, 사람 이름이나 사건발생의 연대나 따라 외는 역사학이 아

니라, 역사학의 본질이라고 할까 학문적으로 의욕을 느끼고 다가
갈 수 있는, 그런 역사학에 관해서 말씀해주시면 고맙겠습니다."

　선생님은 한참 생각하시더니 말씀을 시작하셨습니다. "그래,
이야기하지. 역사학은 현재나 미래를 다루는 학문이 아니라 과거
의 사실을 다루는 학문이지. 그러한 점에서 현재와 미래의 문제
를 해명하고자 하는 사회과학보다는 부담이 덜 가는 학문이라고
할 수 있지."

　"역사학은 과거의 정치·경제·사회·사상·산업 등 모든 분야에
관해서, 그 발전과정을 추적하고 분석 정리하는 학문이지. 그래서
그것이 오늘의 현실에 어떻게 이어지는지를 밝히고자 하는 학문
이지. …… 가령 영국에서 근대사회가 성립될 때는, 산업혁명을
통해 중세사회 내부에서 중산적 생산자계층·자본가계층이 등장하
고, 그들이 근대사회를 이끄는 중요한 정치세력을 형성하게 되는
데, 역사학이 근대사회의 성립을 말하고자 할 때는 이 같은 사정
을 체계적으로 분석 정리해야 하는 것이지. 곧 역사학은 기존의
사회내부에서, 여러 가지 사정으로 구조상 변동이 일어나는 가운
데 사회가 발전하였다고 하면, 그 사정을 여러 계통으로 많은 자
료를 수집하여, 실증적으로 연구하고 정리하여 그 성격 그 의의
를 밝힘으로써, 그 나라 전체의 역사 발전과정을 체계화하고자
하는 학문이라고 하겠지."

　"그러므로 역사학은 철저하게 자료에 의거하는 학문이 될 수밖
에 없지. 역사학에서 사람 이름이나 사건발생의 연대를 알아야

하는 이유는, 그것이 여러 분야의 역사적 사실들을 종합하고 체계화하고자 할 때, 기준이 되기 때문이지."

저는 이 신선한 강의를 들으면서 대학생이 된 기분이었습니다. 사실 이러한 강의는 대학의 사학개론이나 서양사 강의 시간에나 들을 수 있는 것이었습니다.

학교에서 있었던 이 일도 저는 아버지께 말씀드렸습니다. 아버지는 "이제 네 진로가 잡혀 가는 것 같구나. 앞으로는 대학 가는 일이 남았는데, 그럴 경우 네가 평소에 관심을 두었던 분야, 좋아하는 분야로 가야 할 것이다. 더욱이 장차 학문의 길, 학자의 길로까지 나갈 것을 생각한다면 이것은 아주 중요한 일이다. 그리고 훌륭한 학자가 되기 위해서는, 새로운 창의적인 글을 쓸 수 있는 학문을 해야 할 것이다. 이 점 잊지 말기 바란다"고 하셨습니다.

이로부터 얼마 뒤 한국에서는 6·25 전쟁이 발발하였고, 아버지는 오랜 지병으로 고생하시다가 고향에서 제 품에 안겨 돌아가셨습니다. 저에게는 "너는 학문을 하라"는 유언을 주셨습니다.

5. 결 ― 진로를 역사학 속의 농업사로

저는 중학교 마지막 학년이 되기까지도(6·25 직전), 대학에 진학할 경우 전공할 학과 선정을 못 하고 있었습니다. 관심은 늘 우리 문화·역사에 있었으면서도, 신생국가에 필요한 것은, 농업 상·공업(산업) 등 실용적 학문일 것이라고 생각되었기 때문이었습니

다. 더욱이 농업은 어떤 형태로건 제가 그 학문적 발전에 기여해
야 한다는 생각이었습니다.

그러는 가운데 6·25 전쟁이 발발하였습니다. 전쟁의 원인과 성
격에 관해서는 여러 가지 견해가 있을 수 있지만, 이 전쟁은 요컨
대 역사적 산물로서 복합적·총체적인 것이라고 생각되었으며, 이
를 동서냉전이라고만 한다면 정확한 연구가 되기 어렵다고 생각
하였습니다.

대학의 학과 분류도 이와 같은 이치일 수 있겠구나 생각하였습
니다. 연구대상은 복합적인데, 대학의 학과 분류법으로 그 대상
사실의 성격을 해명하려 한다면, 손이 닿지 않는 부분이 적지 않
게 있을 것으로 생각되었습니다. 그렇다면 대학에 입학하는 학생
의 입장에서는, 그가 전공하고자 하는 학과나 학문의 분류 내용
을 융통성 있게 조정할 수 있어야 하지 않을까 생각하였습니다.
여기에 저는 대학입학 때의 학과 선정은 학문의 폭이 넓은 역사
학으로 정하고, 그 밖의 관심 학문은 그 안에서 조정·절충·종합
해나가기로 하였습니다.

저는 1951년에, 전시수도 부산에서 서울대학교 사범대학 역사
과에 입학하였습니다. 여기에서 손보기(孫寶基) 선생님을 만나게
되고, 대학과정에서는 손 선생님의 학문지도를 받을 수 있었습니
다. 선생님은 서울 수복 뒤 미국 유학을 가시게 되었으므로, 대학
원 과정은 고려대학교의 신석호(申奭鎬) 선생님에게서 지도받으면
어떠냐고 물으셨고, 그래서 저는 그 대학원으로 진학하게 되었습

니다. 그때 신 선생님은 국사편찬위원회 사무국장직도 겸하고 계셨는데, 선생님은 저를 그곳에서 촉탁근무 하도록 배려해주시기도 하셨습니다. 저는 그곳을 직장 겸 대학원의 연구실 삼아 저의 연구생활을 안정적으로 이수할 수 있었습니다.

대학의 졸업논문은 6·25 전쟁의 경우와 마찬가지로, 과거에 사회모순이 누적되고 집약되어 그 갈등이 민족내부에서 전쟁으로까지 확산되었던, '동학란'과 같은 경우를 역사적 사례로써 다루어 보고 싶었습니다. 손 선생님은 "그러면 이 자료를 이용하는 것이 좋을 것이요" 하시며, 조그만 카드에 〈전봉준 공초〉를 필사한 자료카드를 힌 묶음 주셨습니다. 제 평생의 연구는 여기서부터 시작되었습니다. 그러나 전쟁 직후의 상황에서 저의 졸업논문은 충실한 것이 될 수 없었습니다. 그래서 저는 이 문제를 대학원 과정에서도 그대로 추구하기로 하였습니다. 국사편찬위원회의 도서를 부지런히 조사하고 이용하였습니다.

여기에서 석사논문심사 때의 분위기를 잠깐 말씀드리겠습니다. 우리 역사의 본질·성격에 관한 문제가 논의되고, 제 연구의 앞으로의 방향이 더욱 분명해지도록 되었기 때문입니다.

논문심사에서, 문제의 핵심은 저의 논문이 우리 역사를 발전적으로 보고 있는 데 대한 비판적 질문이었습니다. 조기준(趙璣濬) 교수께서는, "그러면 발표자는 지금까지 많은 학자들이 한국사회를 정체성 사회로 보고, 또 이론적으로도 세계적인 대학자들이 아시아적 생산양식을 제창했는데, 이를 부정하는 것입니까?" 하고 따져 물었습니다. 저는 이러한 비판에 이론적으로 답변할 충분한 준비가 되어 있지 않았지만, 자료에 근거해서 확실히 부정적인 입장에 있었습니다. 그래서 "그 이론의 논거가 가령 아시아에는 '사적소유'가 존재하지 않는다고 하는 데 있는 것이라면, 그것은 역사적 사실과 너무나도 다르다는 점에서, 그대로 따를 수 없습니다"라고 하였습니다. … 잠시 교수들의 자유 토론이 있었고 … 이어서 지도교수께서 제자 방어의 변론을 하심으로써 이때의 심사는 무사히 끝날 수 있었습니다. 선생님의 변론의 요지는, "역사학의 본질은 역사의 성격을 미리 정해놓고 그것에 맞추어 따라가는 것이 아니라, 많은 자료 확실한 자료에 의거해서, 역사적 사실을 분석 정리하여 그 성격을 규명하고 도출하는 데 있는 것입니다. 그러므로 발전이냐 정체냐 하는 문제는 앞으로 더 많은 연구가 있어야 규정될 수 있는 문제입니다. 오늘의 심사는 오늘의 주제에 한정하였으면 좋겠습니다"라고 마무리하셨습니다.

이때의 질문은 제 논문이 그 같은 문제와 관련이 있으면서도, 그 문제를 정면으로 다루지 못한 데 있었습니다. 그러한 점에서 그것은 앞으로 제가 수행해야 할 과제로 남겨지는 수밖에 없었습니다.

다시 말하면 학부와 대학원 과정에서 동학란 관계 연구의 경험은, 제가 앞으로 수행해야 할 과제가 무엇이겠는지를 발견하는 과정이 되었습니다. 그것은 제가 앞으로 세워나가야 할 연구의 방향이 역사학 속의 농업사이어야 할 것임을, 확인해주는 과정이기도 하였습니다. 뿐만 아니라 이 경우 그 농업사는 우리나라 전근대사회가 농업국가의 시대였다는 점에서, 그것은 그 국가체제에 상응하는 농업체제의 역사가 되어야 할 것으로 생각하였습니다. 이같이 하면 역사와 농업사가 상호 보완되고, 그 농업사를 통해서 그 역사의 성격이 더욱 선명해지리라 생각되었습니다. 그리고 농업사도 역사학과 연결되는 가운데 조금은 더 융통성 있고 폭넓게 다루어질 수 있지 않을까 생각하였습니다.

그 뒤에는 그러한 시각에서 조선후기와 근·현대의 농업사연구의 구도를 구상하고, 그에 선행하는 중세의 농업사연구도 배경을 이해하기 위한 차원에서 염두에 두면서, 그 하나하나의 주제를 실증적·과학적으로 추구해나가는 것이 되었습니다('김용섭 저작집 목록' 참조). 고맙습니다.

러시아, 조선, 그리고 일본

와다 하루키(和田春樹)

도쿄대학(東京大學) 명예교수

역사가에게는 자기 자신을 역사적으로 규정하는 일이 중요한 과제입니다. 저는 작년 4월부터 1년 동안 한국의 어느 일간지에 〈내가 만난 한반도〉라는 제목으로 회고 칼럼을 연재했습니다. 일본에서는 태어난 이후부터 1965년까지를 회상한 내용을 작년 가을에 출판했습니다. 이번 일·한역사가회의로부터 '역사가의 탄생'이라는 강연 시리즈에서 강연해 달라는 의뢰를 받게 된 것을 깊이 감사하는 바입니다. 이 자리에서는 역사가의 집단, 역사학회와의 관계를 의식하며 이야기를 시작하고자 합니다.

1. 개안(開眼)의 책 두 권

제가 역사와 사회를 접할 때 비판적인 자세로 생각하게 된 것은 두 권의 책 덕분입니다. 그 가운데 하나는 1953년 중학교 졸업 기념으로 샀던 다케우치 요시미(竹內好)의 《현대중국론》이었습니다. 다케우치는 중국 문학자로서 루쉰(魯迅)을 깊이 연구한 인물입니다. 이 책에서 저는 아시아를 바라보는 시각을 배웠습니다. 첫 번째로 전쟁 중에 중국에서 일본인이 저지른 추한 행위, 예를 들어 아편을 팔아 중국인의 항전(抗戰) 의식을 무너뜨리려 했던 일에 대해 '고개를 돌리지 않고 직시하며 그 바닥에서 스스로의 힘으로 기사회생(起死回生)의 계기를 잡는 일'이 필요하다는 점을 배웠습니다. 두 번째로 일본의 평화·민주화에 '사상혁명과 심리건설'이라는 과제가 필요하다고 했던 한 국민당 정부 요인의 말은 공산당, 국민당이라는 벽을 넘어 '중국 국민의 총의(總意)'라고 받아들여야 한다는 점도 배웠습니다. 세 번째로 일본의 근대는 '우등생 문화', '전향의 문화'이지만, 중국의 근대는 '저항을 매개로 한' 문화, '회심문화(回心文化)'라는 사실을 배웠습니다. 세 번째는 알기 어려웠으나 첫 번째와 두 번째는 마음 깊이 새겨졌습니다.

저는 다케우치에 매료되어 그가 번역한 루쉰의 작품과 그의 다른 평론집들을 읽었습니다. 다케우치가 찬양하는 역사가 허버트 노먼과 이시모다 쇼(石母田正)의 책도 읽었습니다. 노먼은 좀 어려웠고 이시모다의 《역사와 민족의 발견》은 저에게 크나큰 영향을 미친 두 번째 책이 되었습니다. 이시모다는 마르크스주의를 바탕으로 하는 일본 중세사가입니다. 《역사와 민족의 발견》은 당시대학생들의 애독서였습니다. 이 책에 수록된 〈굳은 얼음을 깨는 것〉이라는 글에서 저는 조선에 대한 인식을 배웠습니다. 이시모다는 다음과 같이 썼습니다.

전쟁에 비판적이었던 사람, 협력하지 않았던 사람은 많았다. ……그러나 일본인의 생활 및 자유와 직접 관계없는 일처럼 보였던 조선 민족에 대한 탄압을 자신의 문제로 받아들였던 사람은 의외로 적었다고 생각한다.

우리의 과거가 지닌 모든 폐단은 이 조선 민족의 탄압과 떼려야 뗄 수 없는 깊은 관계를 지녔을 뿐 아니라, 전쟁 중에는 유례를 찾아볼 수 없을 정도로 민족적 의식이 강한 듯하였다가도 한 번 패전하고 나서는 그것이 모조리 노예와 거지의 근성으로 바뀌어 버린, 그 특징적인 변화에서 찾아볼 수 있는 특수한 '민족의식'의 구조 또한 메이지 이후의 타민족 탄압과 연관이 있다. 민중의 마음속에 깊이 파고든 이 폐단의 유산을 극복하기 위해서는 일본으로부터의 조선의 해방은 단지 실마리가 되는 데 지나지 않는다. 이 문제는 정치적인 해방 이후 장기간에 걸쳐 정신적인 과제로서 우리들에게 남겨질 문제이며, 그 중대한 의미를 깨닫기 위해서는 일본의 근대사에서 이 암흑의 측면에 대한 우리의 무지와 무관심은 중대한 일인 것이다.

다케우치의 방법론과 이시모다의 조선 인식을 결부해 생각하기 시작했던 제가 현실적인 문제에 직면하게 된 것은 1953년 10월한·일회담이 구보타(久保田) 발언으로 결렬되었던 때였습니다. 일본 정부나 야당 사회당의 두 파,《아사히 신문》도 구보타 발언 철회를 요구하는 한국 대표의 태도를 비난했습니다. 저는 일기에 "한·일회담의 결렬을 생각하며"라는 한 줄을 쓰고 이와 같은 여론의 대합창에 반발하였습니다. "과거의 일을 '미안하게 생각하는 마음'을 일본 측이 지녔느냐 아니냐는 한·일회담의 기초이자 근본이므로, 이 점에 관하여 한국 측이 '우리에게는 양보할 여지가 없다'고 말하는 것은 당연하다." "한국 측의 주장은 단순히 저 독재자 이승만의 의지가 아니다. 조선반도 전체를 통틀어 오랫동안 일본의 침략에 저항해 왔던 조선민중의 목소리인 것이다." 유치하기는 하나 역사를 바라보는 자신의 자세가 이 때 형성되었다고 생각합니다.

2. 러시아사 연구로

저는 그 뒤에 러시아의 나로드니키 사상가 게르첸, 크로포트킨을 읽고 체호프의 소설을 뒤적이면서 러시아에 매료되었습니다. 사실 저는 고등학교 1학년 여름부터 독학으로 러시아어를 독학하기 시작했습니다. 그것을 위한 잡지가 창간되어 있었습니다. 일단 저는 1년 걸려 러시아어 문법을 배웠습니다. 바로 이 경험이 제가 러시아사 연구자의 길을 선택하는 데 결정적인 의미를 지녔던 것 같습니다. 중국어이건 한국어이건 배울 기회가 있었다면 다른 선택을 했을지도 모릅니다.

1956년에 대학에 들어갔을 때는 소련 공산당 제20회 대회에서 스탈린 비판이 일어난 직후였습니다. 가을에는 헝가리 사건이 터졌고 한편으로는 일·소 국교 수립이 이루어졌습니다. 그러나 제가 관심을 가졌던 것은 러시아 혁명이었습니다. 도쿄대학에는 러시아사 강의가 없었기 때문에 제가 공부한 곳은 러시아사 연구회라는 단체의 월례 보고회였습니다. 대학에서 일자리를 얻지 못하고 고등학교 교사로 일하던 젊은 러시아사 연구자들이 중심이 되어 활동하던 이 연구회는 1956년 봄에 생긴 것이었습니다. 회장은 도쿄대학의 에구치 보쿠로(江口朴郞) 선생님이었습니다.

졸업논문 주제로 처음에는 민중의 정치의식, 황제 숭배와 농민운동의 관계를 다루려고 했으나 잘 풀리지 않아서 '나로드니키 운동의 역사적 평가'라는 문제를 선택했습니다.

1960년 3월, 저는 대학을 졸업하고 대학 안에 있는 사회과학연구소의 조교로 일하게 되었습니다. 이 연구소는 법률·정치계와 경제계로 나뉘어 있었으며 저는 경제계에 소속되었습니다. 경제계 내부는 마르크스주의 경제학의 두 파, 즉 강좌파(講座派)와 우노고죠파(宇野弘藏派)로 갈리어 있었습니다. 저는 채용해 준 선생님의 노선으로 강좌파에 속하게 되었습니다. 그러나 저는 어디까지나 자신을 역사가라고 생각했으며 강좌파거나 우노파거나, 그 어느 쪽에서든 써먹을 수 있는 이론은 받아들이는 게 좋다는 생각을 갖고 있었습니다. 연구소 안에서 저는 다소 별난 인종 취급

을 받게 되었던 것 같습니다. 결국 그대로 1966년에 연구소의 조
교수로 채용되어 계속 근무한 끝에 마지막에는 소장을 맡게 되었
으며, 그 자리에서 정년퇴직하였습니다. 저의 연구자 인생은 이
연구소 안에서 보냈는데, 이곳이 저에게 정신적 자유와 연구의
자유를 주었던 것은 다행한 일이었습니다.

3. 역사연구회에서의 활동

그래도 조교가 되어 처음에는 러시아 자본주의의 발달과 황제
권력의 경제정책에 대해 연구했습니다. 나로드니키를 역사적으로
평가하기 위해서는, 나로드니키가 적으로 삼았던 대상을 제대로
인식해야 한다고 생각했기 때문입니다. 1961년 5월 역사학연구회
대회에서 '세계사 속에서 일본의 근대'라는 공통 논제가 설정되
었습니다. 메이지 유신과 비교하는 차원에서 동시대 러시아의 개
혁과 경제 발전에 대한 보고를 해달라는 요청을 러시아사 연구회
가 받게 되었습니다. 거기서 제가 등을 떠밀려 발표를 하게 되었
습니다. 역사학연구회는 제2차 세계대전 전부터 있었던 재야 역
사가 단체로서 전후에는 오랫동안 에구치 선생님이 위원장을 맡
고 있었습니다. 당시에는 1960년의 안보 투쟁으로 기시(岸) 내각
을 무너뜨렸다는 정신적 고양(高揚)이 역사학계에도 파급되어 있
었기 때문에, 일본 근대사를 단계(單系)발전단계이론으로 바라보
는 것이 아니라 세계사와의 관련성에서 재조명하자는 의욕이 대

회 전체에 넘쳐흘렀습니다. 저의 보고 또한 그 경향을 타고 새로운 방향을 세우는 데 공헌하였다고 생각됩니다.

역사학연구회 대회에서 함께 발표를 했던 시바하라 다쿠지(芝原拓自) 씨와 맺은 인연으로 교토의 민주과학자협회 역사부회의 권유를 받아, 〈역사학의 임무와 방법 — 전후 사학사의 반성〉이라는 논문을 1962년 이 부회의 기관지에 기고하였습니다. 여기서 저는 우에하라 센로쿠(上原專錄)의 세계사학에 공감함을 밝혔습니다. "현대 세계에서 한 민족이 자율적으로 또한 자각적으로 살아가는 단 하나의 방법은 …… 세계사상(像)의 자주적 형성을 통하여 실제 문제를 해결하고자 노력하는 것이다"라는 우에하라의 말을 받아들인 것입니다.

이와 같은 경과를 생각하면 1963년부터 역사학연구회 위원이 된 것은 자연스러운 일이었습니다. 당시 위원장은 일본 근대사의 도오야마 시게키(遠山茂樹) 씨였으며 이 해 대회에서 도오야마 씨는 동아시아 역사상(像) 구축이라는 문제를 제기했습니다. "일본인의 조선관은 일본인의 의식 수준을 시험하는 리트머스 시험지"라는 유명한 발언은 바로 이때 이루어진 것이었습니다. 다케우치, 이시모다에서 출발하여 우에하라에게서 빛을 발견한 저에게 도오야마 씨의 문제 제기는 기쁜 일이었습니다.

그리고 1965년 한·일조약 반대 운동이 일어났습니다. 저는 역사학연구회 위원회에서 이 문제를 담당하는 위원이 되어 9월 11일에 역사가들의 집회를 열었습니다. 집회 결의 원안을 제가 작성했습니다.

한국의 역사가 3단체의 공동성명을 비롯하여 한국 인민 각층의 선언문, 성명이 일제히 지적하는 바는 한·일조약의 매국적, 굴욕적 성격이다. 그 근원은 무엇보다 우선 이 조약이 과거 일본 제국주의의 조선 지배를 단죄하는 정신으로 맺어진 것이 아니라는 데서 찾을 수 있다. 이는 심각한 반성을 요하는 지적이다.

일본 제국주의의 조선 지배는 20년 전에 끝났지만 일본 국민의 정신 문제라는 측면에서는 결코 끝나지 않았다. 타민족을 멸시하는 자는 스스로에게 가해지는 민족적 억압도 감수하는 셈인 것이다.

1966년 대회에 앞서 저는 〈제2차 세계대전 후의 동아시아〉라는 소논문을 《역사학 연구》에 발표했습니다. 조사해 보니 많은 전후 일본사의 개설서가 8·15가 식민지 지배의 종말, 조선의 독립이었다는 점을 기술하지 않았습니다. 패전 후 허탈해진 일본인들은 독립을 기뻐하는 조선인들에게서 심리적 압박을 느꼈다는 점, 잡지 《세카이(世界)》에 유일하게 실린 스즈키 다케오(鈴木武雄)의 논문 〈조선통치에 대한 반성〉은 지나친 동화주의에 대한 반성에 지나지 않았다는 점 등을 고려한다면, 일본인들은 조선 독립을 맞아 과거를 반성하고 새로운 관계를 만들어내는 일에 실패했던 것입니다. 저는 이 점을 지적했습니다. 그 뒤 미국에서 등장한 새로운 역사관인 근대화론을 비판한 두 편의 논고를 《역사학연구》에 발표했습니다.

4. 시민운동 속에서

제가 역사학연구회에서 한 활동은 여기까지였습니다. 1967년, 베트남 전쟁터에서 부상당한 미군 병사를 요코타 공군기지에서 아사가(朝霞) 미군 병원으로 우송하는 헬기가 우리 집 상공을 통과하게 되었습니다. 이를 견디지 못하고 저는 1968년 4월부터 우리 동네에서 베트남전쟁 반대운동을 시작하게 되었습니다. 그 이전에 저의 정치적 활동은 직장 노동조합, 뜻있는 교원들의 모임, 그리고 역사학자들의 직업적 단체 안에서 이루어졌으나 그 이후에는 시민운동 그룹의 대표로서 우리 집 응접실을 사무소로 삼아 활동하게 되었습니다. 이러한 작은 활동이 서서히 모든 것을 뒤덮어 갔습니다.

저는 1968년부터 1973년 파리협정 즈음까지 베트남전쟁 반대운동을 계속했습니다. 매월 정례적인 시위를 하고 소식지를 냈습니다. 1970년까지는 매주 일요일 아사가 병원에 수용된 미군병사들에게 전쟁 반대를 호소하고, '전쟁터에 돌아가지 말라'고 촉구하는 담넘어 호소(우리는 그것을 '반전(反戰)방송'이라고 불렀습니다)를 하였습니다.

그동안 저는 《피의 일요일》과 《니콜라이 러셀 ─ 국경을 초월한 나로드니키》라는 두 권의 책을 출판했습니다. 전자는 황제에게 정의·질서 구현을 호소하며, 이것이 이루어지지 않는다면 죽음밖에 없다는 내용의 청원서를 써서, 수만 명의 노동자들과 함께 궁전을 향하여 행진하는 사제(司祭) 가폰의 이야기이며, 후자는 러일전쟁 때 일본에 억류된 포로 7만 명에게 황제정치 타도라는 혁명 선언을 하러 오는 망명 나로드니키의 생애를 건 여정을 다룬 내용입니다. 둘 다 베트남 반전운동 가운데 싹튼 문제의식에서 비롯된 것이었습니다.

1973년 8월 8일 한국의 전 대통령 후보 김대중 씨가 도쿄의 호텔에서 납치되었습니다. 1965년 이후 한국을 잊고 있었던 저는 큰 충격을 받고 이 납치사건에 관한 활동을 하려는 사람들 사이에 끼게 되었습니다. 김대중 씨는 다행히도 살해되지 않고 며칠 뒤 서울 길거리에 버려졌습니다. 자택으로 돌아간 그가 울고 있는 모습을 텔레비전에서 보았습니다. 이 사건은 1972년에 출현한 군사정권의 최종적인 완성 형태인 유신독재체제에 대해 김대중 씨가 도쿄에서 망명투쟁을 선언한 것에 대한 보복·탄압 조치였습니다. 여기서부터 유신체제 타도를 외치는 한국 민주화운동이 시작되었습니다. 1974년 4월, '일본의 대(對)한국정책을 바로잡고 한국 민주화투쟁에 연대하는' 운동조직인 일한연대연락회의(日韓連帶連絡會議)가 탄생했습니다. 대표는 노장 저널리스트 아오치 신(靑地晨) 씨였으며 제가 사무국장을 맡게 되었습니다. 이 운동의 첫 사무소는 저의 집 응접실이 아니었습니다. 가구라자카(神樂坂)의 베헤렌(平連 : '베트남에 평화를' 시민연합의 약칭) 사무소에 마련되었으며 그 뒤 독립의 사무소가 되었습니다.

한국 사람들의 운동을 알면 알수록 저는 거센 감동을 받았습니다. 민주주의를 위하여, 나라의 앞날을 위하여, 이 사람들은 두려움에 떨면서도 목숨을 걸고 싸우는 것입니다. 저는 1974년 연말에 자신이 일한연대(日韓連帶)운동에 참가하는 의미에 대하여 첫 글을 썼습니다. "일본인에게 한반도 사람들과 관계를 바꿀 첫 기회는 1945년에 찾아왔으나, 그 기회는 살리지 못했다. 두 번째 기회는 1965년에 왔지만 이때도 살리지 못했다. 지금 온 것은 세 번째 기회이다. 이를 놓칠 수는 없다." 〈한국 민중을 바라보는 일〉이라는 이 글은 잡지 《전망》을 통해 발표되었습니다.

1975년이 되자 당시 한국에서 운동의 중심에 서 있었던 시인 김지하(金芝河)가 출옥해 삼일절에 〈일본 민중에 보내는 제안〉을 발표했습니다. 교도(共同)통신의 기자가 녹음테이프를 보내 왔습니다. 김지하는 3·1 운동이 일본 민족에게 복수하기 위한 투쟁이 아니라 비폭력적이고 평화적인 운동으로 독립을 선언하고, "피해자인 자민족뿐 아니라 잔인무도한 가해자인 그대들 일본 민족까지 동시에 구할 것을 염원하는" 운동이었다고 말했습니다. 저는 이 말에 놀라지 않을 수 없었습니다. 그래서 3·1 운동의 역사를 조사해 보았더니 김지하의 말은 3·1 선언 사상의 정확한 요약이었다는 것을 알 수 있었습니다. 이 선언은 여기에서 독립을 인정한다면 과거의 원한은 잊을 것이나 만일 이대로 간다면 중국인의 불신이 커져 동양 전체가 함께 망할 것이니, 조선의 독립을 주장하는 것은 일본이 '사악한 길에서 벗어나 동양의 지지자다운 중 책을 다하게' 하자는 것이라고 되어있습니다. 이 선언은 바로 '억 누르는 자 또한 구원하고자 염원하는 비폭력 혁명'이었습니다. 저 는 〈비폭력 혁명과 억압 민족〉이라는 논문을 써서 1976년 《전 망》에 실었습니다. 한국의 운동은 우리들에게 한·일 관계, 일본 과 조선의 관계사를 새로이 조명할 것을 촉구하는 것이었습니다.

1978년, 저는 재외 연구로 1년 동안 소련에 가게 되어, 어쩔 수 없이 일한연대연락회의를 해산해 일한연대위원회로 축소하였습 니다. 귀국한 1979년, 며칠 뒤에 박정희 대통령이 암살당했습니 다. 그 뒤 '서울의 봄'을 맞아 기대가 부풀어가던 도중, 이듬해인 1980년 5월 전두환 장군의 쿠데타가 일어났습니다. 김대중 씨는 체포되었고 광주에서는 학생과 시민들의 저항이 마침내 무기를 들고 일어서는 데까지 이르렀으나 진압을 당하고 다수의 희생자 가 생겼습니다. 김대중 씨는 사형 판결을 받아 목숨이 위태로웠 습니다. 이때 '김대중 씨를 죽이지 말라'는 운동이 일어났습니다. 일본 전국에서 사람들은 김대중 씨에게 동정과 경의를 보냈습니 다. 일본 정부와 미국 정부가 나섰으며 드디어 1981년 1월 김대 중 씨의 사형 판결은 무기징역으로 감형되었습니다.

5. 한국 민주화혁명의 영향

이 1980~1981년의 격동이 지나간 뒤 북한문제가 수면 위로 떠올랐습니다. 전두환 대통령이 한국은 미·일(美日)에게는 '방파제'이므로 60억 달러의 특별 원조를 해달라고 요구하였습니다. 이즈음 우리들의 미래를 위해서는 북한까지 시야에 넣어서 고려해야 한다는 인식이 생겨났습니다. 곰곰이 생각해 보면 우리들은 북한에 대해 본질적인 것은 하나도 몰랐던 것입니다. 러시아 역사가로서 한국문제에 관여해 왔던 저는 소련의 자료로, 소련 점령 아래 이루어진 북한의 개혁에 대해 연구해 보면 더욱 공헌할 수 있지 않겠느냐는 생각이 떠올랐으며, 1981년 〈소련의 조선정책〉이라는 논문을 발표하게 되었습니다.

1982년에 들이 일본의 교과서 왜곡을 비판하는 목소리가 중국과 한국에서 일어났습니다. 일본 정부는 정부 방침에는 변함이 없으며 '한·일 공동 커뮤니케'와 '중·일 공동성명'에 담긴 정신으로 대처할 것이라고 변명하였습니다. 저는 납득할 수 없었습니다. 저는 일한연대운동을 추진해 왔던 아오치 신, 시미즈 도모히사(淸水知久), 구라쓰카 다이라(倉塚平), 쓰루미 슌스케(鶴見俊輔), 히다카 로쿠로(日高六郞) 씨 등 7명과 함께 8월 14일에 성명을 발표했습니다. 1972년의 중·일 공동성명에는 "전쟁을 통하여 중국 국민들에게 중대한 손해를 끼쳤다", "책임을 느끼며 깊이 반성한다"고 되어 있는데, 한·일조약 때 발표된 공동 커뮤니케에는 "과거의 관계는 유감이며 깊이 반성한다"고 씌어 있을 뿐 명확한 역사인식이 없었습니다. 우리들은 조선 식민지 지배를 사죄하는 정부 성명을 발표해야 한다고 주장했습니다. 1983년에는 랑군(아웅산)

사건이 일어났으며 북한에 대한 우려도 깊어졌습니다. 우리들은
북·일 관계를 개척함으로써 북한의 위험한 행동을 억제할 수 있
을지 모른다고 생각했습니다.

1984년 가을, 전두환 대통령이 일본을 방문하게 되었습니다.
만찬에서는 천황의 연설이 있었습니다. 이 자리에서는 한·일 역
사에 관한 인식이 제시되어야 했습니다. 7월 4일, 우리와 그리스
도교인들이 발기인이 되어 136명의 의견서 〈조선문제와 일본의
책임〉을 발표했습니다. 조선 식민지 지배 사죄에 대한 국회 결의
를 통해 한국 대통령에게 이 뜻을 밝히고, 북한에도 이 결의를 전
달하여 정부 사이 협상을 시작해야 한다는 제안이었습니다. 우리
들의 요청에 대해 사회당의 이시바시(石橋) 위원장에게서 찬성은
하지만 현실적으로는 꿈같은 이야기라는 회답이 돌아왔습니다.

1985년 저는 〈김일성과 만주 항일 무장투쟁〉이라는 논문을
발표해 북한의 설명을 신화적이라고 비판했습니다. 그때 저는 자
신의 전공을 러시아사와 함께 북한 연구로 삼기로 결심했습니다.
전문가로서 자신의 연구에 책임을 지기로 명확히 한 것입니다.

이때 한국의 민주화운동은 마지막 단계에 이르렀습니다. 1987
년 6월 전국에서 3주 동안 계속된 국민적인 시위로 말미암아 전
두환 정권은 드디어 무릎을 꿇었습니다. 대통령 직선제가 부활하
게 되었습니다. 한국 민주혁명의 첫 승리가 찾아온 것입니다. 그
뒤 대통령 선거를 통한 혁명으로 국면이 이행하게 됩니다. 이 승
리는 동북아시아 역사에 빛나는 위대한 업적입니다.

1988년, 일본에서는 야스에 료스케(安江良介) 씨를 중심으로 저도 참여한 한 그룹이 다케시타 내각에 식민지 지배 청산을 위해 북한과 협상을 시작해야 한다고 제안했습니다. 1989년에는 쇼와(昭和) 천황이 서거했습니다. 청산이 이루어지지 않은 채 쇼와라는 시대의 막이 내린 것을 유감스럽다고 하지 않을 수 없습니다. 저는 조선 식민지 지배가 조선 민족에게 강요된 것이라는 사실을 인정하고, 일본이 안겨 준 고통에 대하여 반성하고 사죄한다는 국회 결의를 요구하는 성명을 기초(起草)하였습니다. 서명한 12명 가운데 역사가는 하타다 다카시(旗田巍), 도오야마 시게키, 다카사키 무네지(高崎宗司), 그리고 저었습니다. 이에 따라 국회 결의를 촉구하는 서명운동이 시작되었습니다. 그리고 1990년 야스에 씨와 논의한 사회당의 다나베 마코토(田辺誠)가 움직여 자민당 부총재 가네마루 신(金丸信)과 함께 북한을 방문했습니다. 식민지 지배에 대한 반성을 표명하는 가이후(海部) 수상의 편지가 전달되었으며 국교 교섭을 시작하자는 3당 공동성명이 나오기에 이르렀습니다.

이와 같은 과정을 살펴보면 한국의 민주화운동, 일한연대운동이 일본 안에서 과거의 식민지 지배를 반성·사죄하는 기운을 고조시켰으며, 한국 민주화의 첫 번째 승리가 일본 안의 변화를 결정적인 것으로 만들었다고 할 수 있으리라 봅니다. 그러나 저는 역사학계 바깥에 있었던 탓에 이와 같은 변화의 의미를 역사학계에 보고하는 일을 해내지 못했던 것 같습니다.

6. 일본의 발전과 고민

식민지 지배와 침략적 행위를 반성하는 전후 50년의 국회 결의는 무라야마(村山) 내각 시대에 추진되었으나 반대하는 의원연맹이 맹렬한 방해공작을 폈습니다. 그 같은 방해에도 결의는 1995년 6월 9일에 채택되었습니다. 문장은 좀 품격이 떨어지지만 근대에 와서 일본도 식민지 지배와 침략적 행위를 저질렀으며 아시아의 국민들에게 고통을 주었던 것을 반성한다는 내용 자체는 나쁘지 않았다고 생각합니다.

그런 한편, 민주화된 한국에서 군 위안부 문제가 제기되어 사죄와 보상을 요청하는 목소리가 일게 되었습니다. 일본 정부는 1993년에 고노(河野) 관방장관 담화를 발표했고 1995년에는 무라야마 내각이 아시아 여성기금을 설립하여 총리의 사죄 편지, 국민 모금으로 마련한 사죄금 지급, 정부 자금으로 의료 복지 지원 제공 등을 내용으로 한 보상 사업을 추진했습니다. 국회 결의에 대한 반대 세력의 힘에 몸서리치던 저는 아시아 여성기금의 발기인 노릇을 수락했습니다. 다카사키 슈시(高崎宗司) 씨도 운영심의회 위원이 되었습니다. 그런데 군 위안부 문제는 바로 역사의 문제였기 때문에 이 보상 문제에서는 역사가들이 큰 몫을 수행했습니다. 요시미 요시아키라(吉見義明) 씨의 저서는 군 위안부 문제에서 기본 문헌이 되었으며 아라이 신이치(荒井信一) 씨 등은 일본의 전쟁책임 자료센터를 세워 활동했습니다. 그러나 대부분의 역사가들은 일본 정부의 태도와 아시아 여성기금에 대해 비판적이었으므로 정부 측과는 긴장된 분위기가 조성되었습니다.

1995년 8월 15일 무라야마 총리 담화가 각료 회의에서 결정되어 발표되었습니다. 식민지 지배와 침략으로 아시아 여러 국민들에게 크나큰 손해와 고통을 준 점에 대하여 통절한 반성과 마음에서 우러나는 사죄를 표명한다는 내용은 새로 확립된 국민적 합의를 표현한 것이었습니다. 이는 전후 50년이 지나서야 얻어낸 공통된 역사인식이며 국민에게나 역사가에게나 중요한 버팀목이 되었습니다. 후에 '새로운 역사교과서'에 대항하게 될 때도 이 무라야마 담화가 힘이 되었으며 그 토대 위에서 저는 아라이 신이치 씨와 협력할 수가 있었습니다.

저는 지금 러시아사 연구회의 추천으로 일본역사학협회 역사교육 특별위원회의 위원을 맡고 있습니다. 그 자리에서 동료 역사가들과 논의를 주고받는 기회를 많이 갖게 됩니다.

역사가로 태어난 사람은 없습니다. 우리들은 그저 바람직한 역사가의 모습을 추구하며 성장해 갈 뿐입니다. 이제 몇 년 더 살지 모르지만 노력해나가려고 생각합니다.

후 기

뉴스에도 '뒷이야기'가 있듯이 《역사가의 탄생》의 출판에도 '막후이야기(behind the scenes)'가 있다. 이러한 숨은 이야기야말로 책 끝에 적는 후기로서 적절하다고 생각된다. 그래서 막후이야기 두 가지를 소개하기로 한다.

먼저 나올 수 있는 의문은 '역사가의 탄생'이란 공개강연 프로그램이 어떻게 시작되었는가? 하는 것이다. 2002년의 제2회 한·일역사가회의의 준비를 위해 양국의 운영위원회 몇몇 사람이 도쿄에서 만났다. 운영위원회는 서울과 도쿄에서 번갈아 열릴 한·일역사가회의의 주제를 확정지음과 동시에, 회의 일정을 조정하고 발표와 토론의 형식이나 상세한 시간표를 확정하는 등, 회의를 순조롭게 진행하기 위해 마련된 소위원회였다.

아마 2001년 12월이었던가? 다음 해의 역사가회의를 준비하기 위한 양국 운영위원회가 도쿄에서 열려 이타가키 유조(板垣雄三,

도쿄대 명예교수)를 비롯해 하마시타 다케시(濱下武志, 당시 교토대 교수), 미야지마 히로시(宮嶋博史, 현 성균관대 교수)와 우리 측에서 이태진(李泰鎭, 서울대 교수), 정현백(鄭鉉栢, 성균관대 교수), 오성(吳星, 세종대 교수), 그리고 내가 참석하였다. 당시 국제역사학 일본위원회 위원장 기바타 요이치(木畑洋一, 도쿄대 교수)는 미국 체류 중이었으므로 동석하지 못하였다.

회의 뒤 점심식사를 함께 하는 자리에서 이런 저런 이야기가 오고 간 끝에, 내가 이타가키 선생에게 "왜 당신은 서양사를 전공했으면서도 전문분야를 중동문제로 바꾸게 되었소?"하고 물었다. "이런 질문은 너무나 많이 받았소. 그리고 몇 마디로 이야기하기가 어려운 게 사실입니다"라는 대답이 돌아왔다. 그러면서도 "중동 연구는 1952년의 이집트 혁명이 계기가 되었지요"라고 덧붙여 말하면서 진로를 선택하게 된 배경을 설명하였다. 그리고는 꼭 같은 질문을 나에게 던졌다. 나 역시 "간단한 이야기가 아닙니다"라고 말하면서도 역사가의 길에 들어서게 된 동기에 관해 간략하게나마 설명하였다.

이러한 대화에서 힌트를 얻은 이타가키 교수는 한·일 양국의 대표적인 원로 역사가들이 어떻게 역사가의 길을 걷게 되었는가를 알게 된다면 한·일역사가회의가 더욱 빛날 것이라면서, '역사가 강연회' 개최를 즉석에서 제안하였다. 좌중 모두가 찬성하는 가운데, 그는 강연회 주제를 '역사가의 탄생'으로 하면 좋겠다고 말하였다. 한·일역사가회의의 전야제로서 공개강연 형식으로 한다는 구체적인 이야기도 나왔다.

이리하여 한·일역사가회의 개최를 기념하는 첫 번째 역사가 공개강연회는 2002년 10월 일본학술회의 강당에서 개최되었다. 이타가키 교수는 당시 일본학술회의 제1부장이었으므로, 학술회의의 지원으로 장소를 제공받을 수 있었다. 강연회 기간이 학술회의 회기(會期)에 해당함으로, 이 강연회에 일본학술회의 회원들이 참석하리라는 기대가 있었다. 요약하면 '역사가의 탄생'은 이타가키 교수의 착상의 산물(brainchild)이었다.

또 다른 막후이야기는 한국 측 연사로 누구를 1번 타자로 내세울 것인가에 관한 것이다. 정작 역사가 강연회 일정이 잡히자 한국 측 연사를 누구로 정할지가 풀어야 할 큰 숙제로 남았다. 일본 측에서는 강연회를 제안한 이타가키 교수 본인을 비롯해 일본사 전문인 야스마루 요시오(安丸良夫) 히토쓰바시대학(一橋大學) 명예교수가 선두 타자로 나섰다.

이에 대해 한국 측에서도 첫 번째 강연인 만큼 한국 역사학계를 대표하는 거물급 역사가여야 한다는 생각이 지배적이었다. 한·일 두 나라 사이의 첫 번째 강연이니만큼 먼저 한국사 분야의 전문가가 강연을 맡아야 한다는 결론이 나왔다. 그래서 1번 타자로 이기백 교수가 거명되었다. 그러나 내 교섭을 받은 이 선생은 지병을 이유로 사양하였다. 신체적 조건으로서는 국내에서 강연한다면 모를까, 일본 여행은 어렵다는 것이었다.

그렇다면 한국사 전문가를 첫 연사로 모신다는 기본 원칙을 도

외시하고 연사를 선정하는 수밖에 없었다. 실질적으로 한국 역사학계를 대표하는 역사가는 누구인가? 이구동성으로 고병익(高柄翊) 교수라는 데 중의(衆意)가 모아졌다.

그러나 나의 강연 교섭 전화를 받으신 고 선생은 하지 못하겠다고 거절하시는 것이 아닌가. 나는 난감하였다. 일본과의 역사가회의가 어렵사리 성사된 마당에 강연할 원로 역사가를 초빙하는데 어려움이 있으리라고는 미처 생각하지 못하였다.

나는 고 선생의 거부 의사에 아랑곳하지 않고 우선 선생과 직접 대면하기로 작정하였다. 고 선생에게 강연은 안 하셔도 좋으니 점심식사나 함께 하시자고 제안하였다. 고 선생께서는 처음에는 식사 자리도 고사하시더니 내가 고집을 꺾지 않으므로 결국 승낙하셨다. 약속 장소인 르네상스 서울 호텔 중식당에서 선생과 대면한 나는 강연 이야기는 입 밖에도 내지 않고 역사학계 또는 세상 돌아가는 이야기나 하였다. 식사가 끝날 무렵에는 참다못한 고 선생께서 결국 강연 이야기를 끄집어내셨다. 한·일역사가회의 성립배경이나 강연회에 관한 여러 가지 설명을 들으시더니, 마침내 "점심은 얻어먹고 강연을 하지 않겠다고 할 수야 있느냐"고 웃으면서 승낙하셨다.

고병익 교수를 한국 측 강연자로 정하자 일본 측에서는 대환영이었다. 이타가키 교수는 나에게 이메일을 보내오면서 서울대학교 총장을 역임한 거물급 역사가가 동원되는 데 대해 감사하고 일본 측으로서는 대단한 영광이라고 전해왔다. 나는 일본 측에서 두 역사가가 강연하기로 되었으나 우리 쪽에서는 고병익 선생 혼자라도 2인의 몫을 할 수 있다고 자신하였다. 그래서 한국 측에서는 다른 분을 추가로 내세울 생각을 하지 않았다.

그 이후로는 일본에서도 연사를 한 분만 정하게 되었고 결국 제2회 한·일 역사가 강연회부터는 양쪽에서 각각 1인의 역사가가 강연하는 것이 관례로 굳혀졌다. 제1회 강연회에서 일본 측이 연사 한 분을 더 모셨기 때문에 2007년까지 강연회에 참여한 분은 모두 13명이 되며 그 모두가 이번 '역사가의 탄생'에 편집되었다.

첫 강연회는 2002년 10월 18일 오후 5시 30분부터 2시간 동안 열렸다. 일본 측의 두 분 강연이 끝난 뒤 고 선생께서는 '반지반해(半知半解)의 긍시학인(矜恃學人)'이라는 제목으로 강연하셨다. 고 선생은 스스로 반지반해인(半知半解人)이라 일컬었다. 반지(半知)는 사료의 철저한 조사에 미흡하여 지적 탐구심을 충족시키지 못했다는 것이며, 반해(半解)는 다양한 역사관을 섭렵하면서도 자기 나름의 역사이론을 터득하지 못했다는 것이다. 반지반해(半知半解)는 지적탐구와 역사해석에서 모두 절반 정도에 머문 자신의 학문적 부족을 자괴(自愧)하는 말이었다. 그럼에도 결론으로는 '역사 연구를 긍지로 여기는 학자'(矜恃學人)로서의 위상을 명확하게 선언하였다. 결국 이러한 자평(自評)은 고 선생의 인품의 고매함과 학문적 겸손함을 간결하게 전하는 것이라고밖에 해석되지 않을 것이다.

이 강연 제목을 접한 사람은 아마 '긍시(矜恃)'라는 한자에 의

문을 제기할 것이다. 긍지는 보통 '矜持'로 적지, '矜恃'로 쓰지
않는다. 고 선생께서 왜 이 글자를 고집하게 되었는지, 그 자세한
사유는 알 길 없다. 한글사전에서는 '矜持'를 '믿는 바가 있어서
스스로 자랑하는 마음'이라고 정의하고 있는데, 이 뜻에서라면
'가짐'을 뜻하는 '持(지)'보다는 '마음'을 뜻하는 '恃(시)'를 쓰는
'矜恃'가 맞는 것이 아니겠는가, 어렴풋이 추측해 본다. 어쨌든 평
생 아시아 역사를 전공하신 고 선생의 한자 용어를 왈가왈부하는
것은 당치도 않다. 단지 이 자리를 빌려 선생의 강연과 관련된 한
토막의 막후이야기로서 소개할 따름이다.

제2회 한·일역사가강연회는 세 번째 역사가회의가 서울에서
개최되는 2003년에 열렸다. 이번에는 이기백 교수가 강연을 쾌락
하셨다. 2003년 10월 24일 오후 르네상스 서울 호텔의 회의실이
었다. 이 선생께서는 고통스러운 지병에 시달리면서도 '한국사의
진실을 찾아서'라는 강연을 성공리에 마치셨으며 자리를 같이한
동료 한·일 역사가들의 진한 감동을 자아냈다. 이 강연은 필생 작
업인 한국사의 사실규명에 전력을 다하게 된 과정을 소상하게 피
력하신 것이었다. 유감스럽게도 그로부터 2년이 채 되지 않은
2005년 6월 2일 이기백 선생께서는 유명을 달리하셨다. 그러므로
이 강연은 그의 마지막 공개 강연이 된 셈이며 그 점에서 더할
나위 없는 귀중한 것이 되었다.

공개 강연이 거듭되면서 연사 초빙은 더욱더 쉽지 않게 되었
다. 한국 역사학계는 해방 이래 괄목할 만한 발전을 했음에도 분

야별로는 아직도 다양하게 특화되어 있지 않을 뿐 아니라 국제적인 성가(聲價)를 누리는 역사가를 충분하리만큼 많이 배출하지 못하였다. 연사 선정이라는 힘들고 까다로운 작업은 결과의 공정성을 기하기 위해 집단적 지혜와 합의에 의존하는 절차를 거쳐 진행되는 것이다. 그래서 국제역사학 한국위원회 안의 운영위원회가 연사초빙을 책임지고 있다. 본래 한국사·동양사·서양사의 세 분야에서 연사를 순환 선정하자는 것이었으나, 차츰 이 기본 원칙이 지켜지기 어려워지고 인적자원이 비교적 많은 한국사 분야에 치중하는 결과가 되고 말았다. 또한 강연회의 횟수(回數)가 늘면서 연사 세대는 상대적으로 젊어지고, 자타가 공인하는 원로 역사가들이 초빙되지 못한 것은 매우 유감스러운 일이다. 강연회가 갖는 시·공간적인 제약 때문에 불가피하게 이 방향으로 진행되지 않을 수 없는 것이다.

끝으로 2002년 공개강연회가 시작된 이후 초빙 연사 가운데 한국 측에서 고병익, 이기백 두 교수와 일본 측에서는 니시카와 마사오(西川正雄) 교수가 타계하였다. 강연회를 빛낸 세 분께 깊은 감사를 드리며 이 자리를 빌려 유명을 달리한 그이의 명복을 비는 바이다.   (집필 : 차하순)

국제역사학 한국위원회 위원장 차 하 순
국제역사학 일본위원회 위원장 기바타 요이치

연사 소개

제1회 한·일 역사가 강연회

이타가키 유조(板垣雄三)

도쿄(東京)대학 동양문화연구소 조교, 도쿄외국어대학 아시아·아프리카 언어문화연구소 조교수, 도쿄대학 교양학부·동양문화연구소 교수, 아인·샴스대학(카이로) 중동연구센터 교수, 국립민족학박물관 객원교수, 도쿄경제대학 커뮤니케이션학부 교수 역임.

현재 도쿄대학 명예교수.

• 주요저술

《아랍 현대사》(東洋經濟新報社, 1959), 《돌[石] 외침에 귀를 기울이다》(平凡社, 1992), 《역사의 현재와 지역학》(岩波書店, 1992), 《'대(對)테러전쟁'과 이슬람세계》(편저, 岩波書店, 2002), 《이슬람 오인(誤認)》(岩波書店, 2003) 외.

야스마루 요시오(安丸良夫)

메이조(名城)대학 상학부(商學部) 강사, 히토쓰바시(一橋)대학 사회학부 조교수·교수 역임.

현재 히토쓰바시대학 명예교수.

• 주요저술

《일본의 근대화와 민중사상》(靑木書店, 1974), 《출구(出口)는 아직》(朝日新聞社, 1977), 《신들의 메이지유신 : 神佛分離와 廢佛毀釋》(岩波書店, 1979), 《근대 천황상(天皇像)의 형성》(岩波書店, 1992), 《'방법'으로서의 사상사》(校倉書房, 1996), 《일본 내셔널리즘의 전야》(朝日新聞社, 2005), 《문명화의 경험 : 근대 전환기의 일본》(岩波書店, 2007) 외.

고병익(高柄翊, 1924~2004)

연세대학교 교수, 동국대학교 교수, 서울대학교 교수, 서울대학교 총장, 한국정신문화연구원 원장, 대한민국학술원 회원, 한림대학교 교수, 민족문화추진회 이사장 역임.

• 주요저술

《동아교섭사 연구》(서울대출판부, 1970), 《동아사의 전통》(일조각, 1976), 《동아시아의 전통과 근대사》(삼지원, 1984), 《동아시아문화사논고》(서울대출판부, 1997) 외.

제2회 한·일 역사가 강연회

이기백(李基白, 1924~2004)

대한민국학술원 회원, 이화여자대학교 교수, 서강대학교 교수, 한림대학교 교수 역임.

• 주요저술

《고려병제사연구》(일조각, 1968), 《민족과 역사》(일조각, 1971), 《신라정치사회사연구》(일조각, 1974), 《한국사학의 방향》(일조각, 1978), 《신라사상사연구》(일조각, 1986), 《고려귀족사회의 형성》(일조각, 1990), 《한국사신론》(일조각, 新修版, 1990), 《한국사상의 재구성》(일조각, 1991), 《한국고대사론》(일조각, 증보판, 1995), 《한국고대정치사회사연구》(일조각, 1996) 외.

나카쓰카 아키라(中塚明)

나라(奈良)여자대학 조교수·교수 역임.

현재 나라여자대학 명예교수.

• 주요저술

《청일전쟁 연구》(靑木書店, 1968), 《근대일본과 조선》(三省堂, 1969), 《근대일본의 조선인식》(硏文出版, 1993), 《역사의 날조를 바로 잡는다 : 전사(戰史)에서 사라진 일본군의 '조선왕궁점령'》(高文硏, 1997), 《역사가의 작업》(高文硏, 2000), 《일본과 한국·조선의 역사 : 이것만은 알아야 한다》(高文硏, 2002), 《'건건록(蹇蹇錄)'의 세계》(미미즈書房, 新裝版, 2006), 《현대일본의 역사인식》(高文硏, 2007) 외.

제3회 한·일 역사가 강연회

사사키 류지(佐々木隆爾)

시즈오카(靜岡)대학 조교수, 도쿄도립(都立)대학 교수, 니혼(日本)대학 교수 억임.

현재 도쿄도립대학 명예교수.

• 주요저술

《세계사 속의 아시아와 일본》(오차노미즈書房, 1988), 《샌프란시스코 강화(講和)》(岩波書店, 1988), 《현대천황제의 기원과 기능》(昭和出版, 1990), 《재일조선인은 왜 귀국했는가》(現代人文社, 2004), 《신(新)안보체제하의 미일관계》(山川出版社, 2007) 외.

차하순(車河淳)

서강대학교 교수, 문과대학장, 부총장 역임.

현재 서강대학교 명예교수, 대한민국학술원 인문·사회과학부 회장, 한국문예학술저작권협회 회장, 국제역사학 한국위원회 위원장.

• 주요저술

《르네상스의 사회와 사상》(탐구당, 1973), 《역사와 지성》(탐구당, 1973), 《역사의 이해》(탐구당, 1974), 《역사의 의미》(탐구당, 1981), 《형평의 연구》(일조각, 1983), 《역사의 본질과 인식》(학연사, 1983; 수정증보판, 2007), 《현대의 역사사상》(탐구당, 1994), 《서양근대사상사연구》(탐구당, 1994), 《새로 쓴 서양사총론》 Ⅰ·Ⅱ(탐구당, 2000) 외.

제4회 한·일 역사가 강연회

이원순(李元淳)

한양대학교 교수, 서울대학교 교수, 민족문화추진회 회장, 국사편찬
위원회 위원장 역임.

현재 서울대학교 명예교수, 한국교회사연구소 고문교수.

• 주요저술

《조선 서학사(西學史)연구》(일지사, 1986; 중국어판, 中國社會科學出
版社, 2001), 《조선시대사논집 : 안과 밖의 만남》(느티나무社, 1992),
《한국천주교회사 연구》(한국교회사연구소, 1986), 《한국천주교회사
연구》(속)(한국교회사연구소, 2004), 《한국인의 천주신앙》(분도출판
사, 1984), 《역사교육론》(삼영사, 1980), 《역사교육의 이론과 실제》
(정음문화사, 1985), 《한국에서 본 일본의 역사교육》(靑木書店, 1985),
《한국사》(타이완 : 幼獅文化事業公社, 1994) 외.

니시카와 마사오(西川正雄, 1933~2008)

도쿄여자대학 조교수, 도쿄대학 조교수·교수, 센슈(專修)대학 교수
역임.

• 주요저술

《파시즘과 코민테른》(공저, 東京大學出版會, 1978), 《독일사연구입
문》(편저, 東京大學出版會, 1984), 《초기사회주의운동과 국제사회당》
(未來社, 1985), 《제1차 세계대전과 사회주의자들》(岩波書店, 1989),
《현대사의 읽는 법》(平凡社, 1997), *Der Erste Weltkrieg und die Sozialiste*
(Bremen : ed. Temmen, 1999), 《사회주의 인터내셔널의 군상(群像)》
(岩波書店, 2007) 외.

제5회 한·일 역사가 강연회

카바야마 코이치(樺山紘一)

도쿄대학 조교수·교수, 국립서양미술관 관장 역임.

현재 인쇄박물관 관장.

• 주요저술

《고딕 세계의 사상상(思想像)》(岩波書店, 1976), 《르네상스 주항(周航)》(靑土社, 1979), 《유럽의 대두》(講談社, 1985), 《정보의 문화사》(朝日新聞社, 1988), 《파리와 아비뇽 : 서양 중세의 지(知)와 정치》(人文書院, 1990), 《역사 속의 몸통》(筑摩書房, 1993), 《이향(異鄉)의 발견》(東京大學出版會, 1995), 《르네상스와 지중해》(中央公論社, 1996), 《세계를 조감하는 안목 : 비교사회사입문》(新書館, 1999), 《에로이카의 세기 : 근대를 만든 영웅들》(講談社, 2002), 《지중해 : 사람과 거리의 초상》(岩波書店, 2006), 《역사가들의 유토피아로 : 국제역사학회의의 백 년》(刀水書房, 2007) 외.

유영익(柳永益)

휴스턴대학교 부교수, 고려대학교 교수, 한림대학교 교수, 스탠포드대학교 객원교수, 연세대학교 현대한국연구소 소장 역임.

현재 연세대학교 석좌교수.

• 주요저술

《갑오경장연구》(일조각, 1990; 일본어판 : 《淸日戰爭期의 韓國改革運動: 甲午更張硏究》, 法政大學出版局, 2000), 《한국근현대사론》(일조각, 1990), 《한국인의 대미(對美)인식》(민음사, 1994; *Korean Perceptions of the United States : A History of Their Origins and Formation*, Seoul : Jimoondang, 2006), 《이승만의 삶과 꿈》(중앙일보사, 1997), 《동학농민봉기와 갑오경장》(일조각, 1998), 《수정주의와 한국현대사》(연세대학교출판부, 1998), 《젊은 날의 이승만 : 한성(漢城)감옥생활(1899-1904)과 옥중잡기연구》(연세대학교출판부, 2002), 《이승만 대통령 재평가》(연세대학교출판부, 2006), *Korea Old and New : A History* (Seoul : Ilchokak, 1990), *Brief History of Korea* (New York : Korea Society, 2000), *Early Korean Encounters with the United States and Japan* (Seoul : Royal Asiatic Society, Korea Branch, 2008) 외.

제6회 한·일 역사가 강연회

김용섭(金容燮)

서울대학교 교수, 연세대학교 교수 역임.

현재 대한민국학술원 회원.

• 주요저술

《조선후기 농업사 연구》Ⅰ·Ⅱ(一潮閣, 1970·1971), 《한국 근대농업사 연구》Ⅰ·Ⅱ(일조각, 1975·2003), 《한국 중세농업사 연구》(知識産業社, 2003), 《김용섭 저작집》Ⅰ－Ⅷ(지식산업사, 1995~2008), 《남북학술원과 과학원의 발달》(지식산업사, 2005), 《동아시아 역사 속의 한국문명의 전환》(지식산업사, 2008) 외.

와다 하루키(和田春樹)

도쿄대학 교수 역임.

현재 도쿄대학 명예교수.

• 주요저술

《니콜라이 러셀: 국경을 넘어선 나로드니키》(中央公論社, 1973), 《마르크스·엥겔스와 혁명 러시아》(勁草書房, 1975), 《농민혁명의 세계: 에세닌과 마노프》(東京大學出版會, 1978), 《한국 민중을 눈여겨보는 것》(創樹社, 1981), 《한국으로부터의 물음－함께 구한다》(思想の科學社, 1982), 《북의 벗이 남의 벗에게: 조선반도의 현상과 일본의 과제》(오차노미즈書房, 1987), 《페레스트로이카: 성과와 위기》(岩波書店, 1990), 《개국: 러일국교교섭》(日本放送出版協會, 1991), 《김일성과 만주항일 전쟁》(平凡社, 1992; 한국어판: 창작과 비평사, 1992), 《역사로서의 사회주의》(岩波書店, 1992; 한국어판: 창작과 비평사, 2002), 《북조선: 유격대 국가의 현재》(岩波書店, 1992; 한국어판: 돌베개, 2002), 《조선전쟁 전사(全史)》(岩波書店, 2002), 《동북아시아 공동(共同)의 집》(平凡社, 2003; 한국어판: 일조각, 2004), 《테러와 개혁: 알렉상드르 2세 암살 전후》(山川出版社, 2005), 《어떤 전후 정신의 형성 1938-1965》(岩波書店, 2006) 외.